グラウンドで学ぶ
人生の知恵

――実践ソフトボール教育論――

Katsutoshi Maruyama

丸山 克俊 著

学文社

序　文
―人間観察という方法―

　本書は,「増補・実践スポーツ教育論―グラウンドで学ぶ人生の知恵―」(学文社,2003年)の続編である。私は前作の序文を次のように記している。

　「スポーツ教育論は,机上の空論であってはならない。あらゆるスポーツ場面における人間の間柄的構造関係が,より実践的に考究されるところに成立するものである。」

　「本書で私が試みていることは,スポーツの教育現象にかかわっている私自身の人間観察―それは自分自身への省察と被教育者へのまなざしを意味しているが―を通して,スポーツの教育現場における人間の間柄的構造関係を分析的に把握しようとするものである。それは,論理的,客観的であるというよりも,極めて感覚的,主観的なものであることは否めない。」

　長い間,職業としてスポーツ教育にかかわってきた私は,もう20年以上前から,体育・スポーツ教育の課題は,「健康づくり能力を高めること」と「仲間づくり能力を高めること」であると明言してきた。特に,体育実技授業の受講生や体育局ソフトボール部の部員たちには,この二つの課題を常に語り続けてきた。

　ところで,"健康づくり能力"も"仲間づくり能力"も,実践的契機を抜きにしては語ることができないものである。人間は,人生論的な視座で考えたとき,生まれたばかりの頃から数年間は,ほとんど他律的に健康管理され,保護されて生きているあまりにも無力な存在である。しかし,青少年期になるにつれて,自律的(自立的)に健康管理することができるようになり,"生き方"を

自ら考えることができるようになる。しかし、人生の挽年になると、それまでの人生をどう生きたかによって、あるいは運不運によって、自律的・他律的な健康管理の比率は人によって大きく異なってくるのである。

その意味では、体育・スポーツ教育は、私たちがよりよい人生を築き上げるために、自律的に"健康づくり能力"と"仲間づくり能力"を高めるために貢献しなければならないのである。とりわけ、今日的な状況下では、後者の課題は青少年の教育にとって極めて重要である。その理由は、体育授業や部活動の人間関係の中には"態度能力"を高めるためのたくさんのステージが用意されているからである。しかし、指導者（教師・監督・コーチ等）がそのステージの持つ意味を正しく理解していなければ、世の中で通用する"態度能力"を磨き上げることはできない。本書がそのようなことを考える一助になれば幸いである。

現在、私の大学体育教員歴は34年半、そして、幼稚園の体育指導者歴は40余年である。学生諸君並びに幼稚園児から学んだことはあまりにも多い。とりわけ、幼稚園児は単位認定とは関係ないところに位置するが故に、私自身が彼らの心のステージと同じところに立つことができなければ、私は容易に見捨てられてしまうのである。この幼稚園児指導と同じ感覚を厳しく味わったのが、本書で紹介させていただいたヨーロッパでの指導経験である。

本書は、前作と同様、"人間観察という方法"によってでき上がった書物である。そして、ソフトボールを中心的なテーマとして取り上げている。体育授業・部活動等でかかわってきた"私のソフトボール教育論"をまとめたものである。

第1章は、ソフトボール授業や部活動における人間の間柄的構

造関係が織り成す魅力，迫力，そして，おもしろさについてまとめている。

　第2章は，ヨーロッパを中心とする海外でのソフトボール（ベースボール型）指導についての，私の武者修行を記している。指導者の在り方について真剣に考えさせられた貴重な体験であった。そして，前述したように，幼児の体育指導にかかわってきたことがわが身を救ってくれたと，確信している。

　第3章は，2012年4月から，文部科学省の学習指導要領の改正により，ソフトボール（ベースボール型）が中学校（1・2年生）体育授業において必修化になることを意識して，入門期のソフトボール指導者の「言葉掛け」についてまとめたものである。

　そして，第4章は，東京理科大学体育局ソフトボール部の"日本一のロマンを求めて"の挑戦について記したものである。創立130周年を迎える理工系総合大学である東京理科大学という括りでは，団体スポーツで全日本大学選手権大会（通称：インカレ）に出場している唯一のチームである。本年8月31日，出場回数14回，ベスト8：3回という戦績をもって監督を勇退する。その小さな卒業論文である。

　結びに，前作に続いての本書の刊行は，学文社の田中千津子社長のあたたかいご芳情によるものである。もとより浅学非才は自覚しているつもりであるが，スポーツ教育論の"体験知""実践知"を世の中に残したいという小生の"想いと願い"を叶えていただいたことに，記して厚く御礼を申し上げたい。ほんとうにありがとうございました。

　2011年8月17日

丸山　克俊

丸山克俊教授の闘い

松浪　健四郎

「文武両道」「文武不岐」という表現は，丸山克俊教授の若き頃を彷彿させる。ともかく多感な学生で，犠牲的精神の豊富な日常生活が光っていた。私は，今も稀有な学生であったと述懐する。

そんな様子が40年以上も経つのに，本書に綴られているのに驚く。雑な言い方だが，丸山君は思想，哲学が強固ゆえか，まったくぶれず，己の信ずるレールから離れない快男児で，かれから教えられることが多かった。学問研究とソフトボール界発展のために，かれの感性がいまも燃えているのが嬉しい。

丸山君は，日体大，日大大学院修士・博士課程と私と同じ道を歩んだ学友である。かれのリーダーシップは，どんな場でも変わらず，個性が輝いていた。本書の内容は，その個性と人間性が謳われている。スポーツ指導者は，企業でのモノづくりと異なり，ヒトづくりが目的である。企業の合理性を追求すれば，歪(いびつ)なヒトをつくってしまう。大学院の教育学・教育史特殊講義を担当された碩学・故土屋忠雄博士の弟子であった丸山君の「教育学」が本書に散りばめられているのには感心するしかない。

ソフトボールの上達法とか勝敗には，実のところ私には興味が薄く，教育の道具，ツールとしか考えないにつけても，丸山君の東京理科大学での情熱に圧倒される。丸山君と接した学生たちは，科学を軸にして活躍されるのだろうが，大きな潤滑油を注入されたことに感謝しているにちがいないと想像する。とりわけ団体競技であるゆえ，個性の発揮の仕方，殺し方を身につけ，責任感を

たたきこまれたと想起する。丸山君は，中途半端なことを嫌う性格だから，学生たちに「徹底」させた様子が本書からも伝わってくる。

　社会生活を営むうえで，学生時代にスポーツで汗を流した体験は重要であるばかりか，リーダーとしての素養を磨くことにつながる。『スポーツ基本法』が成立し，スポーツを世界共通の文化として捉え，国民に広くスポーツを振興しようとする姿勢は，丸山君の説くスポーツ原理と共通する。アスリート精神こそが，豊かな社会生活を保証してくれるにくわえ，最も大切な健康や体力についての意識を強化してくれるだろう。また，溌溂とした魅力的な人間を涵養してくれようか。

　丸山イズムの集大成ともいえる本書は，ソフトボールを教材としてはいるが，丸山克俊自身の人間性を披瀝しているかに映る。教科外活動のむずかしい理工系の大学にあって，強豪校に負けず劣らずの手法と思考で取り組む行動力は，はたしてどこから湧出するエネルギーなのかと不思議に感じつつ，私は丸山君に敬意を表するしかなかった。

　ここまで学生たちに体当たり指導する，わが友・丸山君を誇りに想う。本書から学びとることが多過ぎるにつけても，かれの費やした時間は無駄ではなかったのだと痛感した。それにしても，自由奔放に学究生活とボランティア活動に生きる丸山君が羨ましい。重ねて，このエネルギーはどこから湧出するのだろうか。

（学校法人日本体育会理事長・元文部科学副大臣）

目　　次

序文………………………………………………………………ⅰ

丸山克俊教授の闘い（松浪健四郎）……………………………ⅴ

第1章　実践ソフトボール教育論………………………………1

　　1-1　スポーツは人間教育か……1／1-2　挨拶……7／1-3　返事をする・声を出す・話をする……14／1-4　使命と責任……21／1-5　35名でのソフトボール授業……29／1-6　オフィシャル・コンパ……36／1-7　心のよりどころ……43

第2章　ソフトボールは世界を結ぶ……………………………50

　　2-1　ヨーロッパ・ソフトボール紀行（1）……50／2-2　ヨーロッパ・ソフトボール紀行（2）……58／2-3　ヨーロッパ・ティーボール紀行……65／2-4　指導論つれづれ草……71／2-5　ありがとうマインド……78／2-6　小さな球友……85／2-7　友情を育てる……91／2-8　ウィーンの子どもたちと遊ぶ……98／2-9　スコットランド・マルヤマ・スクール……105／2-10　日韓ソフトボール交流のすすめ……113／2-11　ISF国際コーチカレッジコース参加記……119

第3章　ソフトボール指導者の"言葉掛け"…………………125

　　3-1　ほめ言葉サンドイッチ……125／3-2　危険を防止する言葉……128／3-3　競技場づくり……131／3-4　ウォーミングアップ……134／3-5　キャッチボール……137／3-6　キャッ

チボール・コミュニケーション……140／3-7　美しい構え……143／3-8　素振り……146／3-9　トスバッティング……149／3-10　ボールを打つ……152／3-11　パワーラインをつくろう……155／3-12　ボールをどう見るか……158

第4章　東京理科大学ソフトボール部の挑戦
　　　　―"日本一のロマン"を求めて― …………………………161

4-1　インカレは熱誠をもって戦うお祭りである……161／4-2　人生に"ドラマ"は常に用意されている……169

丸山克俊先生の"熱誠"（高尾　浩司）………………………175

第1章　実践ソフトボール教育論

1−1　スポーツは人間教育か

🖊 21世紀に伝える仕事

　大学の教員である私は，自分の略歴を記すとき，専攻を「スポーツ教育学」と書くことにしている。体育大学を卒業した後，大学院で教育学を専攻し，「スポーツ教育学」を学んだと思っているからである。より正確には「実践スポーツ教育学」を研究したと思っている。しかし，いまだに私自身が納得いく論文は書けないでいるし，これからについても，その自信はあまりない。ただし，このスポーツ教育学が21世紀において，とても大切な役割を担うということについては，自信を持って「そうだ」と言い切ることはできる。

　さて，スポーツ教育学を学ぶとはどういうことなのだろうか。机上で研究できる学問なのだろうか。はっきり「否」と答えておきたい。スポーツ教育学は，グラウンドや体育館のフロアーに染み込んだ"汗の匂い"の中から，より実践的に研究され，論じられなければならない，というのが私の答えであり，考え方でもある。

　そして，そのためには，スポーツの教育現象に一生懸命取り組んでいる先生や指導者の"教育論"や"人生論"をたくさん集めて，それを21世紀に伝える仕事が，今，大切であると考えている。第三者が客観的に記述するのではなく，自らのスポーツ教育論や

スポーツ人生論を，自らの苦悩や喜びとともに記す作業に取り組む人々を増やさなければならないと，私は考えている。

記述の限界性

たくさんの"教育論"や"人生論"が集まることによって，いわばその文学的なエッセーの中から"体験知"や"実践知"に支えられたスポーツ教育学の具体的な方法が導き出され，その目的が明らかになるのだと思う。

しかし，ここに一つの大きな課題があることについて触れておきたい。それは，スポーツの教育実践は，決してきれい事ではないということである。その理由は，文学的エッセーとしてのスポーツ教育の実践，体験を語ろうとしても，語ることができないことがあるからである。

教育が自己と他者を含みこんだ関係の上に成立し，人間の間柄的構造関係に教育現象の本質がある以上，その"きれい事ではない"ことの記述そのものにある限界性を，どのようにして克服していくかが最重要課題となるからである。

中学校・高等学校の学習指導要領にみる人間教育的視点

ここでは，わが国の学校教育の中で体育＝スポーツ教育がどのような『教育目標』を持っているかについて概観しておきたい。

現行の文部科学省「中学校学習指導要領」（文部科学省告示第28号，2008年3月告示）によれば，中学校の教科『保健体育・体育分野』の目標は「(1) 運動の合理的な実践を通して，運動の楽しさや喜びを味わうことができるようにするとともに，知識や技能を身に付け，運動を豊かに実践できるようにする。(2) 運動を

適切に行うことによって，体力を高め，心身の調和的発達を図る。(3) 運動における競争や協同の経験を通して，公正に取り組む，互いに協力する，自己の役割を果たすなどの意欲を育てるとともに，健康・安全に留意し，自己の最善を尽くして運動をする態度を育てる」である。(注：第1学年及び第2学年の目標，第3学年は表現が若干異なっている。)

また，「高等学校学習指導要領」(文部科学省告示第34号，2009年3月告示)によれば，『保健体育・体育』の目標は，「運動の合理的，計画的な実践を通して，知識を深めるとともに技能を高め，運動の楽しさや喜びを深く味わうことができるようにし，自己の状況に応じて体力の向上を図る能力を育て，公正，協力，責任，参画などに対する意欲を高め，健康・安全を確保して，生涯にわたって豊かなスポーツライフを継続する資質や能力を育てる」である。

以上のように，中学校・高等学校の学習指導要領には，教科『体育』の共通の目標として，運動技能・体力の向上とともに「運動場面における競争や協同の体験を通して，公正，協力，責任などの社会的態度の育成を目指す」ことが揚げられているのである。言うまでもなく，"運動場面における競争や協同の体験"とは，ルールをもって競技するスポーツ教材を意味しているのであり，"公正，協力，責任などの社会的態度"とは，人間関係における基本的な行為の在り方を問題にしているのである。換言すれば，スポーツ教育を通して"態度能力"を高め，それを日常生活にフィードバックすることが問われているのであると思う。今日，こうしたことを強く意識した体育授業や部活動は適切に行われているだろうか。

スポーツは人間教育か

　ところで，スポーツ倫理学者・水野忠文先生は，わが国の戦後の「学習指導要領」に見る体育の人間教育視点について，次のように言及する。

　「体育は常に人格的な人間形成を忘れていなかったと同時に，スポーツによる人間形成を，身体育成と同時に目指した教育であると把握されていたことがわかるのである。また，戦後の学校体育，いわゆるルールをもって競技するスポーツを中心教材として取り入れてきた点を考え合わせると，スポーツによる人間教育という点のもつ意味は極めて大きいことを忘れてはならない。しかし，この領域に関する研究は従来，指導要領に掲げるだけは掲げながら，十分に取り組まれてはこなかったといえるであろう」(「体育教育の原理」東京大学出版会，1973年)。

　「スポーツは人間教育か」と問われて，スポーツ教育に『仕事』として取り組んでいる私たちは，迷わず「そうである」と答えるに違いない。しかし，「ほんとうにそうなのか」「ほんとうにその努力をしているのか」と心の底から問われたとき，胸を張って「そうだ」と答えることができる人は，どれくらいいるだろうか。私自身について考えてみても，それは「自己満足による幻想」でしかないのではないかと自問自答を繰り返し，反省することばかりである。しかし，日本全国津々浦々では，教育機関のみならず，スポーツによる青少年への『人間教育』は日常的に行われているのである。

　実際，教育は，その方法をちょっと間違えたからといって，すぐに人間の命に関わるものではない。しかし，一日一日の教育的

営みは，すぐには目に見える現象として現れないけれども，人間の生き方や人生をも変革してしまう極めて大切な問題であることは確かなことである。このことについては，誰も異論はないと思われる。故に私たちは，少なくとも自分自身の生き方と信念に基づいて，この仕事に熱誠をもって取り組まなければならないのである。

百人百様の"論"がある

ところで，スポーツ教育の実践に関わっている人たちは，みんなそれぞれにスポーツの"教育論"や"人生論"をもっているに違いない。そして，そこには百人百様の"論"があると言っても過言ではないのである。さらに言うならば，その多くの人たちは，それぞれに試行錯誤を繰り返しながらも，自らのその"論"は正しいと信じて実践しているのである。

しかしながら，もしその"論"が，独断的なものであったとしたらどうであろうか。それは，疑いなく危険なことであると言わざるをえない。それ故に，失敗して，反省し，そしてやり直す，そのよりどころとなる"学"を構築しなければならない，と思う。ただし，それは『学術論文』にはなりにくいが，極めて大切な"人間のための学"であると考える。その意味では，スポーツ教育学のパラダイム・シフトが必要な時代がくるのではないかと思う。

そのためにも，私は，スポーツの"教育論"やスポーツ教育に関わっていかに生きてきたかというスポーツの"私の人生論"をたくさん集めて，スポーツ教育の現実の諸問題について，いわば臨床的に研究することが必要であると考えている。"体験知"や

"実践知"をたくさん集積し,そこからスポーツの実践的教育理論を導き出し,再び現場にフィードバックするという作業を繰り返しながら,スポーツの『教育・人間学』に近づいていくことが大切であると思っている。

そして,その具体的な方法としては,極めて感覚的,そして主観的な方法であるが,『人間観察という方法』によって,自らの体験や実践を記述するという文学的な方法が有効であると考えている。

"体験知""実践知"の重要性

教育学者・大田堯先生は,次のように言及している。

「私は,医療や福祉と同じように教育も,いわゆる科学知の応用だけでは,その現象の本質に迫ることは難しいのではないかと思うようになっています。これらは,働きかけるものと働きかけられるものとの関わりの中の道理をつかみ出す知恵,主体相互の関係知とでもいう,理性のほかに,情動,情感をも汲みとった新しい知の働かせ方が必要なのではないかと思います。このことは,育児,教育という人間行動を生きた人と人,生きた人と生物,自然と生命との関わりの中でとらえるという新しい質の知によることも予想されます。」(「教育学研究」第59巻第3号)

21世紀は,百人百様の"論"から導き出される,極めて感覚的,主観的な"体験知"や"実践知"が,スポーツ教育における"知恵"を生み出すのではないだろうか。その有効な方法論は,『人間観察という方法』によると,私は考えている。この方法にこだわって,私の「スポーツ教育論＝ソフトボール教育論」を記述したいと思う。

1–2 挨　拶

🖋 「挨拶」とは？

　新明解国語辞典（三省堂）によれば，「挨拶」とは次のように記されている。①人に会った時や別れる時にやりとりする，社交的・儀礼的な言葉や動作，②その場に居る人に対して，こういう訳で来たのだ・これから会を始める・これでおしまいにするといった趣旨の言葉を述べたり儀礼として祝意や謝意を表したりすること（言葉），である。

　挨拶とは，人間関係をよりよく保つための潤滑油として，とても大切な"態度能力"の一つであることは，誰もが理解しているだろうと思う。

　しかし，ずいぶん前から，この挨拶が話題になることが多い。その理由は，挨拶ができない人が多くなっているからである。私自身も体育実技の授業を通して痛感している。

🖋 どちらが先に挨拶をするのか

　グラウンドでのソフトボールの授業。倉庫の周りに受講生が集まっている。私が彼らに近づいていく。その際に挨拶や会釈（相手に対するあいさつとして，軽く頭を下げること：前出・新明解国語辞典）ができる受講生は若干名。そこで私は，大きな声で「おはよう」と投げ掛ける。そうするとほとんどの受講生から「おはようございます」と返ってくる。

　このような場面での挨拶の仕方は結構むずかしいものである。私より先に来ている受講生は，自分たちの方に向かって歩いてく

る担当教員である私に気づいている。しかし,どの程度の距離で挨拶の言葉を掛けたらいいのか,そんなことをさりげなく考えたり,気にしている受講生(若者)は,年々歳々少なくなっているように思う。また,このような場面では,他人の目を気にするため,われ先にと担当教員に挨拶することを躊躇する若者が多いのも事実である(挨拶を話題とした会話の中で,直接受講生から聞いたことである)。

　一方,集合場所に向かって歩いている私の後から来た受講生は,私より先に集合場所まで行こうという気持ちからか,軽くランニングして私を追い越していく。この場合にも,背後から私に対して気軽に挨拶ができる受講生は少ないのである。挨拶に無頓着になっている若者が,やはり増え続けているのだろうか。

長幼の序

　「長幼の序(ちょうようのじょ)」という言葉は,ある意味では日本の社会や文化を支えてきたキーワードであるといっても過言ではない。新明解国語辞典(前出)によれば,「年下の者は年上の人に敬意を払うべきであり,むやみに先を越してはいけないという孟子の教え」とある。

　前述の『どちらが先に挨拶をするのか』ということを考える場合でも,この「長幼の序」を思い浮かべると簡単に整理できることになる。年下の者から年上の者に対して挨拶することが一般的であると考えればいいのである。もちろん,組織間のおつき合いや商談においては,常識的な挨拶の仕方があるだろうと思う。しかし,この場合でも年下の者が年上を敬うというハート(心)が,両者の挨拶をさわやかなものにすると思われる。

挨拶は目と目で

　さて、受講生が集まったところで、私は集合をかける。通常は4チーム編成で試合中心の授業を行う。集合の際、各チームは原則として2列に並ぶことになっている。そこで、挨拶に際して私が彼らに投げ掛ける言葉は、「少し前後左右に動いて結構。顔・両目が見えるところに位置するように。挨拶は目と目でしたい」である。

　ところで、私はこれと同じことを、長い間、幼稚園の「体育あそび教室」と名づけた体育指導の場面でも実践している。最近は年に数回、いくつかの幼稚園を訪れるだけであるが、"幼稚園の先生"歴は、今年（2011年）で41年となる。ちなみに、大学の教員歴は35年である。

　さて、幼稚園での子どもたちの挨拶である。幼児が担任の先生と一緒にホールに入ってくる。初めて会った子どもたちと挨拶をするときに、私は次のように語りかける。

　「○○組のおともだちは、あいさつは何と何でするか、しっているかナ」

　「口と口」「おじぎとおじぎ」……

　「あいさつって、目と目でするんだヨ。だれが一番いいおめめしているか、今から先生が調べるからネ」

　そして、私は一人ひとりの園児をゆっくり見ていく。この瞬間、ほとんどすべての園児は、私の顔（目）をじっと見つめ始める。かなり真剣である。勿論、挨拶の声はとても大きい。

　不思議なことは、幼児期から小学校・中学校・高等学校、そして、大学へと進むにつれて、この"態度能力"は低下傾向にある

ということである。

少年チームの挨拶

　仕事がら，少年野球チームやソフトボールチームの試合を観ることがある。小学校高学年の少年たちのチームである。当然のことながら，彼らは小学校低学年から野球型スポーツを始め，熱心な指導者によって懇切丁寧に指導されている少年たちである。投げる・打つ・捕るという野球型スポーツの基本技術をその入門期に指導することは大変なことであるが故に，私はいつも敬意の念を抱きながら観察している。

　しかし，いつもとても気になることがある。それは挨拶の仕方である。試合が終わり，両チームの主将を中心にして整列し，自軍の応援団，相手チーム，審判団に対して，大きな声で挨拶をする。元気があり，とてもさわやかである。私たち大人がホッとする瞬間である。ところが，よく見ていると，その挨拶の際に，対象をしっかり目で見てから挨拶できているチームは少ないのである。もったいないことであると思う。

　このような状況は，野球型スポーツだけでなく，あらゆるスポーツの少年チームにも当てはまることではないかと思う。挨拶は目と目を合わせて穏やかに交わすことが大切であることを銘記しておきたい。

子育てと挨拶

　つい先日，日本幼少児健康教育学会の学会大会が山口県であり，その際に『育児サークルネットワーク』のみなさんが中心となって企画されたシンポジウムがあった。少子化社会のなかで，子育

て中の母親が孤立しないために，気軽に相談できる人間関係づくりのネットワークを広げることは大切だと思う。

ところで，このシンポジウムにおいて，ある演者の方が挨拶について次のような発言をされた。

「自分の子どもには，挨拶することはとても大切であるといつも教えている。けれども，近所の方で朝すれ違って声をかけても，何の反応もないお母さんがいる。それを見て，子どもが私に『どうして挨拶しないの』と問いかけてくる」と。このような事例は，今日のわが国ではずいぶんあるのではないかと思う。要するに，子どもの見本であるべき大人たちが挨拶ができないのである。

したがって，このシンポジウムの背後にある問題は，ネットワークに参加して，サークル活動をしている人たちは，挨拶一つを取り上げても，問題意識を持って，よりよい子育てをしたいと念願し努力しているのである。しかし，まともに挨拶できない大人たちを変えることはむずかしいことである。それはそれで『仕方ないこと』であると認めたとしても，子どもたちはどうなるであろうか。憂慮すべき問題であると言わなければならない。子どもたちの挨拶は，その子どもを指導する大人たちがよりよい範を示さなければレベルアップしない，と思う。

子どもに「あいさつ」を教える

東京理科大学ソフトボール部で，OB諸氏に協力いただいて"ミニ講演会"を開催したことがある。社会人としての体験談を話してもらい，現役部員が職業や世の中の組織について真剣に考える機会をつくりたかったからである。就職が年々歳々厳しくなってきていることがその動機である。

その際に，3名のOB講師がそれぞれ異口同音に語った問題は，新入社員がまともに挨拶ができないということであった。

そのなかでも，当時OB会会長（現・顧問）のO氏が語ったことは，とても興味深い。東京消防庁に勤務する彼は，挨拶をしっかりすることや命令系統を遵守して行動することがとても重要な職場であることを語った後，幼稚園児のわが子のことに触れたのである。

それは，親として子どもに「あいさつ」を教えるために，毎朝，子どもに向かって必ず挨拶し，子どもからの返答がない場合には，挨拶が返ってくるまで，子どもに向かって「おはよう」を繰り返している，という話であった。簡単なことのようで，なかなかむずかしいことであると思いながらも，この方法は効果的であると感心させられた次第である。

さわやかな挨拶ができない者はレギュラーになり得ない

私たちのチームでは，部員の約束事として決めていることが二つある。一つは「ユニフォーム姿では禁煙」であり，もう一つは「さわやかな挨拶ができない者はレギュラーになり得ない」である。

大学生のチームが挨拶までチームの約束事にするのかという批判もあるかもしれない。しかし，日常のグラウンドでの部活動のなかで，"さわやかな挨拶"ができない部員は論外であると言わなければならない。大きな声で挨拶をする。目と目で挨拶をする。相手が気持ちよくなる挨拶をする。いつも同じように元気よく挨拶をする。挨拶のレベルには，上限がないのである。故に，全部員のレベルを徹底的に鍛え上げなければならないのであり，そのための約束事である。

そして，部員たちには，「諸君の挨拶の背後には，ご両親やご家庭が見えるのであり，親の子育てや教育を背負っていると自覚して諸君は努力するべきである」と語り続けている。

　スポーツ教育の原点は，挨拶の教育にあると言っても過言ではないのかもしれない。わが国には，小学生のためのスポーツクラブ（スポーツ少年団・子ども会のクラブなど）がたくさん存在している。そして，中学校・高等学校には，それぞれの競技連盟が地区予選会・各都道府県大会を開催し，その上にたくさんの全国大会が用意されている。

　このシステムこそが，わが国の青少年教育の土台づくりに大きな貢献をしていることを自覚しなければならない。それ故に，私たちは"指導者の在り方"についても，絶えず謙虚に自己研鑽しなければならないのである。

1−3　返事をする・声を出す・話をする

出欠をとる

　大学の体育実技授業で，毎年，同じようなことを繰り返し言い続けていることに，「返事をする」「声を出す」「話をする」ということがある。

　通常，授業開始に際しては，出欠をとることになる。私は，実技の授業では敬称略，フルネームで名前を呼ぶことにしている。そして，こだわりをもって実践していることは，「はい」という返事のする方をさりげなく見て，受講生と目を合わせることである。こうすると，グラウンドや体育館で腰をおろして返事をする学生の"返事をする姿勢"を観察することができるからである。学生には，返事をする瞬間だけは，背筋を伸ばして姿勢を正し，相手を穏やかな顔つき目つきで見て，大きな声ではっきり返事をするようにと助言する。

　出欠のとり方については，一貫して，以上のようなこだわりを持ってきた。勿論，事前に何の注意（助言）もしないで出欠をとった場合には，受講生の目と私の目が合うことは半々ぐらいである。返事をする姿勢，声の出し方から指導しなければならない学生は多いのである。

　いろいろな場面で出欠をとる様子を観察することがある。ほとんど人が手元の名簿や受講カードを見て，ただ声だけ（名前を呼ぶ）で出欠を確認するだけである。この場合，受講生は腕を組んだり，足を投げ出したりして返事をしていることが多い。スポーツの授業空間において考えてみたい問題であると思う。

「はい」という返事

さて、当たり前のことであるが、「はい」という返事は自分の存在を相手に伝えるために大切な言葉である。私たちは、この言葉を幼少の頃からどれくらい使っているだろうか。もしかしたら、私たちが人生のなかで最も多く使う言葉かもしれない。そして、冷静に観察してみるとわかることであるが、この「はい」という返事はピンからキリまで様々であるということである。

自分の存在を相手によりよく伝えるために、姿勢を正して、穏やかな顔つき、目つきで、はっきりとわかりやすく「はい」と返事ができる受講生は少ないと思う。それ故に、このような基本的な"態度能力"をグラウンド（体育館）で磨かなければならない。

グラウンドで学ぶ人生の知恵

本書の姉妹編である『実践スポーツ教育論（増補版）』（学文社）のサブタイトルは"グラウンドで学ぶ人生の知恵"とした。グラウンドや体育館におけるスポーツの授業空間では、"健康づくり能力"や"仲間づくり能力"を高めるための"人生の知恵"をたくさん学ぶことができると考えているからである。故に、本書では、そのことを更に強調するためにタイトルを"グラウンドで学ぶ人生の知恵"とした。

特に、仲間づくり能力を高めることは、換言すれば"コミュニケーション能力"を高めることである。これは、グラウンド（体育館）でのスポーツの授業空間で起こる様々な喜怒哀楽の感情を上手にコントロールして、よりよい人間関係を築くために"態度能力"をどう磨くかに関わる課題でもある。

そして、この「はい」という返事やさわやかな挨拶は、その基本中の基本ともいえよう。また、ミスをしたら素直に「ごめん」と詫びる"挽回スピリット"や感謝の気持ちを表す"ありがとうマインド"をどう育てるか、このような"態度能力"をどう高めることができるかがスポーツ教育の中心的な課題であると、私は考えている。

声を返す

私のソフトボールの授業では、ガイダンス＆チーム編成（このチーム編成や主将の選任の方法については様々な試行錯誤をしている）の後、その翌週からチーム単位での活動を始めることにしている。

ただし、最初の数回の授業では、「ソフトボールのためのウォーミングアップ」「ソフトボールのための基礎ランニング」「ソフトボール審判法」と称して私が指導する。しかし、それ以降は、各チーム毎に主将を中心として行うことにしている。

さて、「基礎ランニングのメニュー」を指導するに際して、私が強いこだわりをもっていることがある。それは、チーム毎に一列になって塁間走を繰り返す際に、私の「レディー・ゴー！」または「レディー・ダッシュ！」という掛け声に対して、受講生が「オー」とか「はい」などの元気のいい掛け声を返してから走るというものである。一言で表現するならば、「声を出す」練習である。

受講生に対しては、ソフトボールの試合中、瞬時の判断で声を出すことがとても大切であることを強調する。例えば、ファウルボールがベンチ方向に飛んだ場合には、「あぶない！」と叫んだ

声によって危険を察知し，腕で顔や頭を隠すだろうと思う。また，外野手が外野フェンス方向に走ってボールを追っている場合，他の野手が「フェンスあるぞ」「無理するな」などの声をかけることによって，危険な状態を防ぐことができる。そして，プロ野球の試合でもよくあるように，内・外野手同士が同時にボールを追っての衝突事故を防ぐための「オーライ」「まかせた」などの掛け声もある。

　一見，簡単のように思われる「声を出す」「声を返す」練習は，決して容易ではないのである。なぜ声を出さなければならないのかを正しく理解した学生は，当然のように瞬時に大きな声が出るようになる。しかし，なかには頭で理解できても声と動きに"めりはり"がない受講生も多いのである。この"態度能力"を高めることも，ソフトボール授業では一つの大きな課題であると思う。

うぐいす嬢（ボーイ）登場

　新明解国語辞書（三省堂）によれば，うぐいす嬢は，「きれいな声で場内アナウンスをしたり，バスのガイドをしたりする若い女性の異称」と記されている。

　私の授業では，数回のチーム練習の後，前期についてはスローピッチの公式リーグ戦がスタートする。後期はファーストピッチが中心である。この試合に際して，前述のうぐいす嬢またはうぐいすボーイ（放送委員）が登場するのである。

　この公式リーグ戦では，大会運営委員と称する球審・塁審，そしてスコアラー兼放送委員が配置される。チームのメンバーが交代で務めることになる。

　試合運営上の申し合わせでは，球審は，スコアラー兼放送委員

が，次打者を大きな声で「〇番，〇〇君（さん）」とコールするまでは「プレイ」を宣告してはならないことになっている。前の打者が打撃を完了し，ネクスト・バッターズサークルにいた次打者がバッターボックスに向かうときに，打者の名前を大きな声でコールすることを義務づけているのである。

　この「うぐいすボーイ」を授業のなかにしっかりと定着させることも決して容易ではない。そして，これも"態度能力"の問題である。

人物を磨く

　大学の体育実技で，なぜこのようなことにこだわるのか。その答えは簡単である。人間関係の基本中の基本を正々堂々と実践することによって，人物を磨いてほしいと願っているからである。「自分が楽しく，仲間が楽しく，そして，みんなが楽しく」という視点で自らの行動，行為を考えることができれば"態度能力"は向上する。

　うぐいす嬢（ボーイ）は，ローテーションですべての受講生が務めることになっている。誰もが一度はやらなければならないのである。大きな声が出ない者，声を発するタイミングを上手くとれない者，時々うっかり忘れてしまう者等々，いろいろな学生がいる。しかし，うぐいす嬢（ボーイ）が立派な試合会場は，公式戦の雰囲気が醸し出されて引き締まっていることは言うまでもない。自分自身がうぐいす嬢（ボーイ）になりきって，その任務を立派に果たすことができる学生が1人でも多く出てほしいと願っているが，このレベルアップも容易ではないのである。

ヒーロー・インタビュー

　長い間，同じような授業を繰り返していても，ちょっと工夫をすることで授業が盛り上がり，また，当事者には貴重な体験となることがある。こういったことに私たちはなかなか気づかないものである。前述の放送委員もそうであるし，ここに紹介するヒーロー・インタビューもその一つである。

　私の授業では，すべての試合がスコアラーによって記録されている。記録用紙は，『丸山式レクリエーション・スコアシート』である。このスコアシートによって，受講生の打撃成績（打数・安打・本塁打・三塁打・二塁打・打点）が記録される。この他にも，試合開始時間・終了時間なども記録し，授業運営システムづくりのための貴重な資料となっている。

　さて，試合終了後，受講生が全員集合すると，私はその日の試合結果等を発表し，続いて『優秀選手賞』を発表する。これは，その日に打率10割の選手（猛打賞と称する）並びにホームランを打った選手，そして，勝利に貢献した殊勲選手に与えられる。彼らは前に出て，盛大な拍手で迎えられる。

　そして，その日の試合で最も貢献した選手数名を選び，MVPとして"お立ち台"に上げるのである。そして，受賞の感想を述べることが『ヒーロー・インタビュー』である。

　私は，受講生の後方に立ってその話を聞くことにしている。全員にそのコメントが伝わったか確認するためでもある。授業の最後のこの儀式は，ウィットやユーモアに富んだ話し方をお互いに学習するためにも役立っていると思う。そして，短いコメントで目の前の仲間たちをホッとさせたり，安堵の笑いを誘うことのむ

ずかしさについて，改めて考えさせられる瞬間でもある。

　そして，雨天時の授業では，「私とスポーツ」というテーマで3〜5分間のショート・スピーチを取り入れることにしている。前述のグラウンドでの経験から，人前で話をすること，人の話を聞いて学ぶことの訓練が若者には不可欠であると考えたからである。「声を出す」「返事をする」「話をする」という基本的な"態度能力"を，グラウンド（体育館）で徹底的に磨き上げたいものである。

1−4　使命と責任

✒️「部長」が辞めた

　本学ソフトボール部でこれまでに1回だけ起こった"事件"がある。毎年9月，チーム運営を担当する責任学年が交替して新しい「幹部学年」が誕生する。年内の練習を新体制で張り切って終えた後，冬休み・後期定期試験が終了すると，短いオフ期間の後，新シーズンに向けての本格的な練習が始まる。その矢先のことである。新幹部学年の中で，部員の選挙によって選出された主将・部長・副将のうち，部長が突如として辞めたのである。

　私たちのチームでは，前述の3名を幹部学年の中でも"三役"と呼ぶ。そして，三役以外の幹部部員については，話し合いによって副部長・主将補佐・財務などの役職に就くことになっている。勿論，「肩書き」だけではなく，顧問・監督である私と相談し，全幹部部員が役割を分担し"任務"を持つことになっている。

　主将は，練習・試合等，グラウンドにおける学生の統括責任者であり，コーチングスタッフ（監督・コーチなど）と協力してチームを強化することが主要な任務となっている。副将は主将の補佐役であり，主将が不在のときはその任務を代行する。また，部長は，学内・学外の連絡調整・文書処理をすべて担当する渉外の責任者であり，当部が加盟する各大学連盟の「学生委員（通称：学連)」も務めることになっている。

　ところで，当部では，この三役については全部員の選挙（欠席者は事前投票）によって，主将・部長・副将の順に選出することになっている。立候補者がいる場合には，演説の後，信任投票を

することや，候補者の得票が過半数に満たない場合には，（必要に応じて演説し）決戦投票を繰り返すことなどが「幹部役員の選出に関する申し合わせ」として成文化されている。毎年1回行われるこの新幹部選挙は，当部にとっては，最も大切な行事である。

　このようにして選ばれた部長が，いよいよ始まる新シーズンを前にして，突然，辞めてしまったのである。

辞める理由

　2月某日。県スポーツセンターでのチーム登録会議の後，私は，部長のT君と一緒にJRの最寄り駅まで歩くことにした。その途中，突然に彼の口から「部を辞めたい」との申し出があった。

　当部の歴史の中では，選挙で三役に選ばれた部員が『部を辞めた』ことは1回もなかった。そのときの私は，「何を考えとるんじゃ」という驚きと怒りの気持ちが80％以上，「よっぽど何か困った理由があるのかな」という気持ちが20％程度であった。

　そのときの私とT君との会話を再現すると，おおむね次のようになる。

「Tよ。おめえさん，何かあったのか。」
「いいえ，何もありません。」
「チームのことで，何か不満でもあるのか。」
「いいえ，何も不満はありません。」
「じゃあ，どうして辞めるんだよ。」
「さっき言った通りです。このままだと卒研（卒業研究）に入れません。とにかく，勉強したいと思っています。」
「おまえさんを部長に選んだみんなのことを考えたのか。」
「考えました。申し訳ないと思っています。」

「おまえ，そんな根性で人生渡っていけると思ってんのか。」
「いくら人間性を磨いても，留年したり，成績が下位だと，就職する際に，いい会社の学校推薦が取れません。」

　この日，私は，ここでは書ききれないような乱暴な言葉をT君に投げ掛けたと思う。私の心の中には，『みんなに選挙で選ばれて，そして，引き受けたことの責任を，どう考えているのか』という気持ちがあった。

　私自身は，まだまだ微力な教員（人間）であるけれども，当部は，理工系総合大学で，チームゲーム・球技で全国大会（インカレ）に出場している唯一のチームであるという誇りがあった。それは，全部員がチームの歴史と伝統を尊び，特に三役を中心にして幹部学年が一生懸命努力してチーム運営に当たったからである。部員たちは，まさに"幹部"を経験することによって"人物の器"を大きくしているのである。結局，T君は辞めたのである。

13名のうち9名が辞めた

　高校時代，私は卓球部に所属していた。試験期間中以外は，ほとんど『練習休み』がない厳しい部活動であった。1年生で入部した生徒は合計13名。1年後に残っていた部員は4名であった。

　辞めていった彼らには，おそらくいろいろな理由があったのだと思う。しかし，『成績が悪い』『成績が伸びない』ことが，辞める大きな理由であった。顧問の先生は英語科のY先生であったが，先生はその理由だけは許さなかった。成績が悪いことを理由にして退部しようとする部員に対してだけは，Y先生の渾身の往復ビンタがあった。

　私たちの"卒業アルバム"の中に記されたY先生のメッセー

ジは,「3年間,運動部で努力した諸君に心から拍手を贈る」である。Y先生は,『勉強ができないから部活動を辞める』という短絡的な発想を嫌い,若者の軟弱な考え方が許せなかったのである。高校時代,私は学業成績は決してよくなかった。ただ,部活動は1日も休むことも遅刻することもなかった。主将のときは,下級生と殴り合いになりそうな事件もいくつかあった。『練習日には特別な事情がない限り,軽々しく欠席,遅刻はするべきでない』という強い信念があったからである。私の一つ下の学年は途中退部はなく(私が説得して辞めさせなかった),全国大会へも出場した。私なりに最高の高校時代であったと胸を張ることができる。Y先生の信念が,私を支えてくれたように思う。

主将が辞めた(交代した)

当部の第10代目の幹部学年の話である。全部員の選挙で主将に選出されたのはU君であった。満票に近い得票であった。そのU君が,数日後,監督である私の部屋を訪ねてきた。そして,「主将を辞めたい」と言う。

U君の理由は,体調が悪い状態が続いており,医師の診断でもその理由がよくわからないと言う。それ故,主将に選ばれてからずっと考え続けてきたけれども,今の状態では主将の任務を果たすことができないので辞めさせてもらいたい,ということであった。私と話をしている間,彼の顔は涙でグシャグシャであった。男の"悔し涙"であったと思う。

最初のうち,私は,体は必ず回復するから,主将を辞めることはない。そのために副将がいるのだから,回復するまでは副将に任せればいいではないか,と彼を慰留した。しかし,病気の原因

がわからないことが彼を不安にさせていることを素直に理解し，結果として無理をさせて大事に至ることがないように，『主将を辞める』ことを認めたのである。そして，部会で話し合い副将のK君が主将に昇格することになり，U君は主将を辞め，副部長となった。

　このとき，主将を辞めることになったU君に対して，内々で次年度はコーチとして31番のユニフォームを着てチームに貢献して欲しいと依頼した。彼を少しでも元気づけたかったからである。また，コーチについてだけは，監督（私）が指名して，幹部学年と全部員の了承を得るという部内のルールがあったからである。

　U君は，幹部選挙（三役選挙）の前から体調が悪かったが故に，選挙に先立って事情を話し，候補者から外してほしい旨，部員に言うべきか否かをずいぶん考えたという。しかし，「主将に選ばれたい」という思いもあり，その発言はできなかったと謙虚に語ってくれたのである。

　私には，このときのU君の正直で謙虚な態度が，深く心に残っている。組織や集団の中で生きることは，必ず"使命感"や"責任感"が伴うものである。そして，選挙などで選任されるリーダーに対しては，より強い"使命感"と"責任感"が期待され，要求される。その要求にどう応えることができるか。当然のことながら，リーダーはその"苦脳"とも戦わなければならない。

責 任

　新明解国語辞典（三省堂）によれば，「責任」は，次のように記されている。①自分の分担として，それだけはしなければならない任務（負担），②不結果・失敗に基づく損失や制裁（を自分

で引き受けること），である。

　私たちは，日常生活の中で，この責任という言葉を意外とよく使っているのではないだろうか。その場合，①のように"自分のそれだけはしなければならない任務"に対して反省を込めて語るのではなく，②のように"不結果・失敗に基づく損失など"に関連して，「だめだったら責任とってよ」とか，「あなたの責任でしょ」と言うように，相手に対して責任を語っていることが多いのではないだろうか。

自分が選んだ責任

　部活動には，その部活動を選んだ自分に対しての責任があるはずである。入部することにより仲間ができ，その集団の中でなんらかの役割を分担しなければならないが故に，入部したばかりの1年生であっても，"自分のそれだけはしなければならない任務"はあるはずである。したがって，自分に対しての責任をどう果たしているかという尺度をもって，私たちはまず自らを厳しく律しなければならないのである。

　加えて，幹部選挙に際して，自分がその人物に投票したかどうかは関係なく，最終的に選出された三役（リーダー）についても"自らが選んだ責任"を果たさなければならない。素晴らしいリーダーシップは，いつも素晴らしいフォロアーシップによって支えられるのである。

投手を目指す責任

　ソフトボール部で「投手」を目指す。これは，周囲の動機づけに関係なく，自らが投手をやりたいから目指すのである。自分で

投手を選んだのだから、チームのエースになるべく、一流投手になるべく、黙々と日々努力を続ければいいのである。そして、成果を出すべく苦労を重ね、成功すればいいのである。しかし、これほどむずかしいことはないのである。

監督として、毎年のように部員に『希望ポジション』を尋ねると、たくさんの部員が、気軽に投手と答える。しかし、自分が選んだ"投手の任務"をしっかり理解し"投手の責任"を果たそうとする部員は、どれほどいるだろうか。たくさんの指導者が経験していることではないだろうか。一流投手になるためには、一流の努力が不可欠である。半端ではない努力をする覚悟を持たなければならないのである。

選ばれ、そして、引き受けた責任は重い

ここでは、もう一度、『部長に選ばれ、そして、引き受けた責任は重い』と、声を大にして語っておきたい。私は前述の"投手の責任"とは比べものにならないくらい重たいと考えている。仲間の選挙によって過半数の支持を受け、期待されて就任した部長（役職）の責任はあまりにも重たいのである。

投手は、どれほど努力してもチームのエースにすらなれないことも多いのである。しかし、その努力のプロセスは、周囲の仲間たちは認めるに違いない。そして、他のポジションでレギュラーとなり輝くこともあるはずである。

一方、部長は、やるべきことを丁寧に行い、謙虚に努力しさえすれば、みんなが協力し、助けてくれるのである。そして、立派な部長に成長させてくれるのである。なぜならば、そこには"選んだ責任"が介在しているからである。

部活動で仲間から「肩書き」をもらい，リーダーシップの"生きた学習"をしている人は，どんな苦しいことがあっても，へこたれずに，自分のために，チームのために，信念をもって任期を全うしてほしい，と思う。

1−5　35名でのソフトボール授業

🥎 東京理科大学野田キャンパスの体育

　本学野田キャンパスでは，保健体育科目として，講義科目（健康・スポーツ科学：2単位）と実技科目（健康スポーツA・B・C・D：各1単位，スポーツ方法Ⅰ・Ⅱ：各1単位，シーズンスポーツ：1単位）を開講している。これらは，一般科目の『人間科学』のカテゴリーに属し，学部によって若干異なるが，卒業に必要な単位として認められている。

　ところで，体育実技科目については，野田キャンパスが体育施設に恵まれていることもあり，種目選択制の授業を実施している。これは，半期（前期・後期）構成で，個人・対人系のスポーツや武道種目（健康スポーツA・C），チームゲーム系のスポーツ種目（健康スポーツB・D）を学生が選択して受講するものである。半期構成ではあるけれども，授業効率をより高めるために，受講生に対しては通年で受講することを強く希望している。

　実際，1年間のスポーツ教材を中心とした種目選択制の授業を通して，受講生がお互いに協力，協調して，『健康づくり能力』と『仲間づくり能力』を高め合うことは，充実した学園生活の土台づくりになるだろうと思う。そして，生涯スポーツという視点からも，技術の向上を図り，審判法を理解し，その種目を生涯にわたって友とすることは有意義なことであると思う。

🥎 体育実技「ソフトボール授業」

　以上のような方針に従って，原則として，月曜日から木曜日ま

ではそれぞれ4コース，金曜日は2コースの実技授業が開講されている。ソフトボールは，月曜日（1コマ），水曜日（3コマ），木曜日（2コマ）に開講されている。そして，私は，水曜日のクラスを担当している。

　ところで，このように受講生が自分の希望種目を選択して行う授業形式では，当然のことながら，種目・曜日によって受講生数に偏りがでることになる。そこで，体育研究室では，ガイダンスを2週にわたって2回実施する。その理由は，1週目のガイダンス時には，各種目毎の定員数を告げた上で履修希望者数を各曜日・各種目毎に体育館に掲示して伝達し，2週目に希望者数の調整を図るためである。しかし，実際には，定員オーバーとなるケースもあり，その場合には抽選をして各種目毎の受講生を最終決定する。

　このような方法で受講生が決定されるということは，各種目の担当教員にとっては，最終的に何名の受講生になるかということが，気がかりなこととなる。受講生が定員に満たない場合もあれば，若干の定員オーバーを認める場合もあるからである。

　ところで，ソフトボール授業の理想的な定員は，40名以上48名以内である。ちょうど4チームが編成できて，2面の競技場を設営し，毎回試合を楽しむことができるからである。ちなみに，その年に私が担当した「ソフトボール授業」の受講生数は，水曜日2時限目：48名，3時限目：35名であった。

35名（内女子5名）のソフトボール授業

　ところで，水曜日の種目決定ガイダンスの担当者は私であった。2週にわたるガイダンスでは，とにかく4コース（種目）の授業

がやりやすくなるように，受講生がうまく各コースに分散して定員を満たすように，何度も協力をお願いした。

しかし，最終決定した水曜日3時限目の私が担当する「ソフトボール」の受講生数は35名であった。この35名という数字で私は悩むことになる。それは，1年間を通して行うソフトボール授業を，3チーム編成とするか，4チーム編成とするか，決断しなければならないからである。

年間計画では，前期にスローピッチ・ソフトボール，後期にファーストピッチ・ソフトボールの試合を行う。したがって，前期のスローピッチでは，1チーム10名が理想的である。それ故に，3チーム編成とすれば，1チームが11〜12名となり，人数的にはちょうどいいことになる。しかも，35名のうち女子学生が5名いることを考えると，3チーム編成が妥当ということになりそうである。

しかし，このチーム編成の場合には，1面を使って2チームが試合をし，もう1チームは，審判団とスコアラー（丸山式スコアブックによる）の担当者を出し，残りのメンバーはチーム練習ということになる。すなわち，試合ができるのは3回のうち2回ということになる。

一つの決断

35名で行うソフトボール授業が決定してからの1週間，女子学生が5名もいることもあり，このクラスを3チーム編成にするか，4チーム編成にするか，考えに考えた末の結論は，学生の希望を挙手によって確認して決めるという決断しかなかった。

種目毎に分かれて開始される最初の授業（ガイダンス）は，私

はいつも教室で行う。そこでは、1年間の授業の方針や進め方を解説する。そして、チーム編成を、受講生のこれまでの野球・ソフトボール経験や運動部経験を元にして、15分程度で決めるという作業を行う。

この日、35名の受講生を前にして私が提案したことは、今、ここには35名しかいない。この1年間の授業を3チーム編成で行うか、私が加わって36名とし、1チーム9名で4チームを編成するか、君たちの判断に委ねたいということを提案した。彼らの出した結論は簡単であった。ほとんどすべての受講生が4チーム編成を選んだのである。私は、「この1年間、君たちは軽々しく欠席できないけれども、それでいいのか」と、一言釘をさした。みな、それでいいという。魅力的な学生たちである。

女子学生5名のうち、4名が高校時代に運動部経験者、そのうち1人は中学時代ソフトボール経験者、もう1人が中学・高校とソフトボール経験者であった。そして、男子学生も18名が中学・高校のいずれか、または両方での野球・ソフトボール経験者であったことが、この決断ができたもう一つの理由であった。

しかし、実際の授業運営では、カゼをひいて欠席する学生が1人出るだけでも、そのチームは8名となり、守備の際には攻撃側チームから捕手の補充をしてもらうことになる。35名で4チーム編成は、決して容易なことではないのである。

素晴らしいウォーミングアップ

35名のソフトボール授業が始まった。私もAチームの選手である。このクラスは、3時限目であるために、2時限目の授業時に、グラウンドの整備・清掃、ライン引き等はすべて完了してい

る。授業開始時刻の午後1時ちょっと過ぎに用具を準備した後,出席を確認して授業が始まる。まずは各チームに分かれてのウォーミングアップである。

各チームの主将は,前期については,高校時代に野球・ソフトボールの部活動経験者の中から,私がけしかけて立候補させ,他の受講生の満場一致での承認を得て決定する。彼らには,高校時代の経験を誇りとして,遠慮することなく,思いっきり主将の任務を遂行するようにとアドバイスする。そして,主将を承認した他の受講生には,承認した(任命した)ことの責任は,チームのメンバー一人ひとりにあると語りかける。最初の1回だけ,私はウォーミングアップの指導をし,その次の週からは,すべて各チームの主将のリーダーシップに委ねることにする。

グラウンドでの第2回目の授業。各チームのウォーミングアップが始まる。まず大きくグラウンド1週,すべてのチームが大きな声で掛け声をかけ合って楽しそうである。続いて,ストレッチングや準備体操,そして,塁間ダッシュをメニューを工夫して3往復,その後はチーム・ミーティング。長年,言い続けてきた理想的なチーム・ウォーミングアップが,35名のクラスで,しかも最初のチーム単位の活動で見事に実現してしまったのである。

1人の人間がとても大切である

そして,試合が始まってからも4チームのチームワークは強固になるばかりであった。1年間を通して欠席者はほとんどいない状態が続いたのである。

正直なところ,水曜日の第3時限が始まる前には,いつも『さて,今日は欠席者はどうであろうか』と心配しながらグラウンド

に向かうことが続いていた。しかし、途中からはその心配は無用であった。受講生１人ひとりが、４チーム編成を自ら選択したことの責任を一生懸命とろうとしている気持ちが伝わってきたからである。

そして、この年の「ソフトボール授業」は最高水準のものであったと確信する。なぜなのだろうか。あえて言うならば、学生諸君の授業を受講する姿勢、使命感と責任感が素晴らしいのである。換言すれば"その気"と"やる気"が素晴らしいのである。

私にとっては、これまでの私の「ソフトボール授業」人生の中で、最も心に残る"35名のソフトボール授業"となった。そして、私たちは、この１年間の授業展開の中で、"１人の人間の存在がとても大切である"ということを深く学んだのである。

無遅刻無欠席は90点

この貴重な体験は、大学教員になって27年目のことであった。それ以降、私は、「体育実技授業」における『出席』することの意味（価値）を更に深く考えさせられるようになった。そして、10年ほど前からであるが、実技授業では、「無遅刻無欠席をやり抜いた受講生には90点以上をつける」と宣言するようになった。

１週間に１回の授業に対する使命感、責任感のレベルを最高水準まで高めたいと考えたからである。体育授業にベストコンディションで臨むために、前日はできるだけ睡眠をとり体調管理をしっかり行う習慣をつけなければならない。そのためには、試験・レポート提出の準備は計画的に余裕をもって済ませなければならないのである。

そして、授業内容には、種目に関係なく、必ず『団体戦』を入

れるようになった。バドミントンや卓球の授業でも，チームに欠席者が出ると『不戦敗』となるケースが起こるからである。"1人の人間の存在がとても大切である"ということを深く自覚させるためである。

1−6　オフィシャル・コンパ

オフィシャル・コンパとは

　毎年12月某日の夕方，本学ソフトボール部の納会が開催される。この納会は，当部では「オフィシャル・コンパ（正式な宴会）」と呼んでいる三つの飲み会のうちの一つである。

　当部のオフィシャル・コンパは，新入生歓迎コンパ，納会，そして，卒業生追い出しコンパの三つである。この他にも，大会や合宿の打ち上げコンパや部員同士が集まって飲み会をすることは，大小合わせれば十数回はあるだろうと思う。

　このオフィシャル・コンパが他の飲み会と異なることは，大学の公認団体としての体育局ソフトボール部の部員一同が，来賓をご招待して行うコンパであるということである。

　私は，創部以来33年間（平成23年度現在）に行われたこのオフィシャル・コンパには，都合により途中参加が2，3回あるけれども一度も欠席していない。その理由は，大学運動部にとって，このコンパは，公式戦と同様に重要な意味を持っていると考えているからである。

部長（学生責任者）の任務

　本学では，公認団体の教員の責任者のことを『顧問』，学生の対外的・対内的責任者のことを『部長』と呼んでいる。練習・試合等における責任者である主将（副将）と部長がチーム運営の中軸となり，それを副部長・主将補佐・財務等の肩書きをもつ幹部学年が支えて，チームが運営されるのであるが，このオフィシャ

ル・コンパの事前準備，当日の司会進行等は，原則として，部長の任務ということになっている。

　まず，部長は顧問である私のところに，コンパの日程について相談にくる。これは，創部した年から，私が顧問・監督として可能な限りコンパには出席したいから，事前に日程については必ず相談するようにと指導したことが，今日まで慣例になっている。それ故に，前述したように33年間無欠席が続いていることになる。歴代の部長の配慮に改めて感謝しておきたい。

　日程が決定した後は，来賓としてご招待する方々についての確認をし，その招待状をチェックすることになる。そして，コンパ数日前には，当日の司会進行について，部長は代々受け継がれてきたマニュアルに従って原稿を作成する。これらの作業は決して容易ではないのである。

　ここでは当部のオフィシャル・コンパについて紹介させていただきながら，学生のコンパの意義について考えてみたい。

居酒屋F

　通常，午後7時開始のオフィシャル・コンパの会場は，第6代の幹部学年の時から，このお店を当部のホームタウンにしようではないかと決めた柏市の『居酒屋F』である。以来，今日に至るまで年3回のオフィシャル・コンパは，Fさんにお世話になっている。

　このFさんには，忘れられない思い出がある。柏駅近くのこのお店でコンパを開催したときのことである。初めてお店を持って張り切っている若社長のお母さんが登場。私たちの前で正座をされ，「息子がこのようなお店を開店したので，今後ともよろし

くお願いします」とご丁寧な挨拶をされた。聞けば私たちのコンパがこのFさんで予約が入った最初の宴会であるという。

　私がそのときの幹部学年に提案したことは，こういうご縁はなかなかないことだから，今後はこのFさんをわれわれのホーム球場にし，このFさんとともにわれわれも成長し，発展しようではないか，ということであった。しばらくは，オフィシャル・コンパはFさんで開催することを決めたのである。

　現在，仕事熱心で誠実なM社長は大成功を収められ，道路を隔てて二つの店舗と多数の従業員を持っておられる。そのお母さんは十数年前にお亡くなりになったが，現在，息子さんが後継者として修行中である。そして，当部とFさんとのおつき合いは，30年近くになる。

定刻開始とネクタイ姿

　世の中の飲み会（コンパ）は，定刻に開始できないことが多い。それは，遅刻者が多いからである。私たちのコンパでは，部員諸君には開始予定時刻よりもかなり早く集合がかかり，1年生は，お店の入口前で整列して上級生や来賓を迎え，また，見送ることになっている。貴重な時間を私たちのためにくださったこと，その上に，ご厚志を頂戴したことに対して，感謝の気持ちを伝えたいからである。

　そして，部員はネクタイ姿（一応正装と呼ぶことにしている）で参集することを原則としている。来賓を迎えてのコンパであるが故に，全部員が襟を正して出席しようと考えているからである。

　私が勝手に名付けた『オフィシャル・コンパ』という名称には，このコンパが来賓を迎えての当部の正式な宴会であるという思い

がこもっている。部員同士でワイワイがやがや騒いで飲み語るコンパも有意義であろうと思う。しかし、お客さんを迎えて、日頃の有形無形のご支援に対して感謝の気持ちを表し、会の冒頭には挨拶をいただいたり、会の最後には三本締め・万歳三唱などで参会者のご健勝を祈念するような儀式は、世の中に出てからきっと役に立つだろうと思う。そのようなコンパを学生時代にきっちりと経験しておくことに意味があると考えているからである。

数年前、このオフィシャル・コンパに出席くださったOB会のT副会長（現在、英国の日本企業で活躍中）が来賓挨拶の中で、「理科大ソフトボール部を卒業したことによって、このようなコンパを何回も経験できたことに深く感謝したい。その理由は、今日まで会社の宴席で同僚や後輩たちの失敗はたくさん見てきたけれども、幸運なことに私には失敗はない。すべてはこのコンパのおかげである」という一言があったことを付記しておきたい。

来賓挨拶と無礼講

オフィシャル・コンパは、部員が主催するコンパである。それ故に顧問である私も形式上は来賓となる。そこで、僭越ではあるけれども、冒頭の挨拶は顧問・監督である私が務めることになる。次いで、名誉顧問の先生、そして、OB会会長（または代理）で最初の挨拶（祝辞）は終わる。部員は正座してスピーチを拝聴する。

乾杯の音頭は、原則として主将が務めることになっている。そして、しばらく無礼講。その後、コーチング・スタッフ（学内指導員・学外指導員）、その他の来賓の皆様からも、メッセージをいただく。勿論、部員は正座して拝聴する。そして、また無礼講

である。

　新明解国語辞典（三省堂）によれば，無礼講とは，「席次などをやかましく言わず，全部の人がくつろいで楽しむ宴会（集まり）」とある。世の中の宴会の席上で，この無礼講ほどむずかしいことはないのかも知れない。私自身の様々な宴席での経験からも考えさせられることである。

　実際，当部でも創部初期の頃，上級生の「オレの酒が飲めないのか」という一言に下級生が食ってかかりケンカになったこともあるのである。それ以降，私が折に触れて部員に言い続けてきたことは，「お酒の席で最も大切なことは，いかなることがあってもその場の雰囲気をこわしてはならない」ということである。肝に銘じておきたい。

宴席における長幼の序

　私が宴席において決めていることがある。それは，肩書きなどに関係なく，自分よりも長い人生経験を有する先輩と宴席で一緒になったならば，心を込めてお酒をつがせていただき，また，心を込めて人生の先輩のお酒をいただく気持ちが大切であるということである。勿論，このことは後輩に対しても基本的には同様である。ご縁があって一緒に宴席で一緒になったことを大事にしたいからである。

　しかし，世の中では，このようなことが簡単なようで実は結構むずかしいのである。くわえタバコをしながらお酒をついだり，片手にタバコを持ちながら相手のお酒を受けたり，不愉快になることも時々ある。

　それ故に，親のスネをかじって勉学している学生が，高い会費

を払ってただどんちゃん騒ぎをしているだけでは寂しいと私は考えるのである。メリハリのある宴席を年3回，4年間にわたって経験することはとても大切なことであると私は考えている。

校歌・応援歌・エール

無礼講の時間帯に余興が入り，オフィシャル・コンパの閉会の時間が近づいてくる。そして，全員が元の席に着き，起立して校歌・応援歌斉唱となる。最近は，母校の校歌・応援歌を歌うことができずに卒業していく大学生が多い傾向にある。残念ながら本学でも同様である。

校歌は主将が音頭を取り，直立不動で襟を正して歌う。応援歌は副将が音頭を取り，全員が肩を組んで歌うことにしている。

続いて，幹部学年が「エール」を贈ることになる。"新入生歓迎コンパ"では新入生に，"納会"では前幹部学年に，そして，"追い出しコンパ"では卒業生に贈ることになる。在部中，1年・3年・4年の3回のエールを仲間から受けることを意味している。

このエールは壮観である。なによりエールを贈られる側は嬉しい気持ちになるに違いない。私は，最近，仲間が仲間に「お前もがんばれよ」という願いと激励を込めて一生懸命エールを贈るような場面が少なくなっているように思えてならないのである。

そして，このオフィシャル・コンパでのエールの延長線上に，日本武道館で挙行される卒業式終了後のエールがある。もう20数年前から，下級生全員が日本武道館まで駆けつけて，卒業生の洋々たる前途を祈念して，1人ひとりに学生時代の結びとなる"最後のエール"を贈ることが儀式となり慣例になっているのである。

チームワークを育てる

　チームワークは，ソフトボールの練習や試合を通して，その一日一日の積み重ねによって強固になるものである。しかし，このような宴席が"節制や礼節の徳"を知らず知らずのうちに教え，チームワークの土台をつくることも事実である。そして，この"節制や礼節の徳"を酒席において実践的に学習することは，長い人生において必ず役に立つと私は信じている。

　そして，なによりこのようなオフィシャル・コンパを立派に運営するためには，幹部学年のチームワーク，そして，上級生から下級生への正しい申し送り（連携プレー）が不可欠である。毎年，暮れの納会を見事に取り仕切った幹部学年になったばかりの新部長の口からは，私との短い会話の中で「前部長〇〇さんのご助言によって」という言葉が何度も出る。それはコンパでの司会進行中も助けてもらっているからである。このような連携がチームワークを育て，その経験が若者の"人物の器"を大きく育てるのであると思う。

1−7　心のよりどころ

🖊 心の基地

　この言葉は，小児医学・児童精神医学者である平井信義先生（元・お茶の水女子大学教授）が，その多数の著作の中で使われた言葉である。平井先生は，「40年に及ぶ私の児童研究を総括してみて，子どもに"意欲"と"思いやり"の心を育てれば，立派な青年になる，という結論に達した」(『子どもに「まかせる」教育』明治図書）と語る。

　これは，特に幼児期・児童期に，子どもに"まかせて"子どもに"自由"を与えることによって"意欲"を育て，また，"相手の立場に立って考え，相手の気持ちを汲む能力"＝"思いやりの心"を育てることによって，自己統制や責任意識の能力が育つと結論されているからである。

　そして，平井先生は，これらの前提として，「叱らぬ保育」「叱らぬ教育」の重要性を説くのである。私流に表現するならば，子どもをおおらかな寛容の精神をもって見つめ，自由な環境で伸び伸びとさせることによって，自己思考，自己選択，自己実現できる土台をつくることが大切，ということになる。平井先生は，この土台づくりのことを，"心の基地"と表現されたのである。

🖊 昔話「三枚のお札」

　さて，愚息が小さい頃，私たち夫婦にとっては，ある意味でこの平井理論が子育ての支えであった。しかし，支えではあっても，実際の子育ては，試行錯誤の連続であり，平井理論を実践するこ

とのむずかしさを実感するばかりであった。

　とりわけ，私は，土・日曜日に，練習・試合や学会・協会（連盟）の会議等々で留守が多い"ダメ親父"であった。なにより子ども（家族）とゆっくり関わる時間が欠如していたのである。その意味では，妻に苦労をかけたと，今でも反省することは多い。

　ただ，私のささやかな経験を一つだけ記しておきたい。それは，ダメ親父の私に対して，妻が夫婦の約束事として提案したことである。

　愚息が３歳から５歳にかけての期間，私には週２～３日，子どもを寝かせつける役目が与えられた。夕食を済ませた７時30分になると，私は彼のふとんの横に寝て，『三枚のお札』というヤマンバが登場するこわい素話をする。いつも同じ素話である。「昔，昔，あるところに山寺がありました。その山寺には和尚さんと小僧が住んでおりました。小僧の名前は珍念といいます」で始まる約15分のお話である。

　彼はいつも小さな手で私の指を握って寝ている。あるときは話し初めて２～３分で寝入ってしまう。私は静かに指を解いてその場を離れる。また，あるときは，お話が終わると同時に彼がふとんをはねのけて両手で拍手。眠っている状態での無意識的な彼の行動であった。約３年間で200回以上この素話をしたのではないかと思う。

　その彼が小学校４年生の頃に真顔で，「お父さん，きょうヤマンバの話，やってくんねえか」と語ったことがある。そのときにどのような会話をしたか覚えてはいないけれども，久しぶりに大きな子どもにヤマンバの話をしたことは覚えている。後でわかったことは，その頃，彼は学校でイジメられていたようである。そ

れを知ったとき，ヤマンバの話が，彼にとっては小さな"心の基地"になっていたのだという小さな安堵があった。親バカであるけれども，ヤマンバの素話は，彼にとって心の"よりどころ"になっていたのだと思う。

　しかし，子どもが成長し，20歳を過ぎても親としての心配は尽きない。ただただ，自立した大人になってほしいと願うばかりである。

人生（生活）のよりどころ

　さて，小さい頃は家庭を中心にして創られる"心の基地"は，当然のことながら，子どもたちにとっては"心のよりどころ"であるに違いない。

　そして，成長するにしたがって，私たちの"心のよりどころ"は，家庭を基盤としながらも，学校のクラスであったりクラブであったり，職場であったり，地域社会のコミュニティであったりサークルであったり，人間が何かの目的で集まる集団であることが多い。それ故に，社会をにぎわす様々な事件の報道を見るたびに，もしその人に"心のよりどころ"があったら，と考えさせられることも多い。

　ところで，私自身，長い間，ソフトボールに関わってきて，この老若男女が楽しめるソフトボールという一つのスポーツが，今日のわが国において，どれだけ多くの人々の"心のよりどころ"となっているのだろうかと，よく考えさせられることがある。この視点は，私が教員という立場でソフトボールに関わる限り，忘れてはいけない視点であるとも考えている。

ソフトボールは"心のよりどころ"

　私が長い間ソフトボールに関わってきて，最も感じさせられてきたことは，一つのチームに所属し，そのチームのルールを順守し，仲間たちと一緒に喜怒哀楽を共にすることは，疑いなく，ソフトボールが"心のよりどころ"になっているということである。

　創部以来30年以上の年輪を刻んだ私たちのチームで，創部以来変更することなく実施していることがある。それは，練習の前と後に行う掛け声をかけての準備体操の内容である。大きな円形をつくり順番に「1・2・3・4」と一人が声を出し，「5・6・7・8」と全員で声を返すこのスタイルは，創部から今日に至るまで全く同様である。

　この方針にこだわっているのは，毎年開催されるOB・現役交流試合等の際に，卒業生がこの準備体操の輪に加わると，学生時代，純粋な気持ちでソフトボールに一生懸命取り組んでいた頃の自らの心がよみがえってくるのではないかと考えているからである。

　そして，ソフトボール部を無事卒業することにより，ソフトボール部OB（OG）となり，その肩書きは終生消えることがない。私たちのチームでは，本学を事情により退学することになった部員であっても，入学から2年7ヵ月の義務練習期間まで部員であった者は，OB名簿に掲載することにしている。また，事情によって途中退部した者であっても，本人の希望があれば「ソフトボール部応援団」として仲間入りしてもらっている。

　そして，毎年，幹部学年が機関誌「理窓ソフトボール年報」を作成して，全OB諸氏に発送する。その中には，前述の名簿を巻

末に入れているのである。このたった一冊の機関誌が，長い人生でピンチが訪れたとき，また，苦悩したときに，ほんの少しだけでも人生を前向きに考える"心のよりどころ"になってくれたらと願っている。なにより私自身もこの年報に目を通しながら，「よし！ もう少し頑張ってみようか！」と自らを鼓舞している。

ソフトボール審判は私の人生である

　かつて，本学には5面のソフトボール球場があった（今はキャンパス再構築により3面）。したがって，30代半ば頃から関東地区レベルの大きな大会を6回，その他の研修大会も多数開催してきた。この経験は，私の人生にとってとても貴重なものとなっている。一つの大会運営で作成した文書は40～50枚に及ぶ。雨天時の大会会場づくり等の苦労は，担当した者でないとわからないと思う。一晩に10センチ積もった雪を，朝6時から12時までかかって，参加選手も総動員で除雪し，4面のグラウンドづくりをしたこともある。

　そして，私が最も幸運だったのは，昼食弁当の他に往復の交通費にも満たない日当で，早朝からのグラウンドづくりと大会運営に絶大なるご尽力をくださった審判員の皆様と何度も交流させていただいたことである。遠方の方には，本学研修センターに宿泊いただき，審判のご苦労話・ルール等について，飲み語りながらたいへん有意義な学習をさせていただいた。

　そんな会話の中で発せられたのが，「ソフトボール審判は私の人生である」という言葉である。早朝，車のトランクから長靴とスコップを取り出し，雨上がりのグラウンドへ向かう審判員の皆様の姿に，私は大会会場そして事務局責任者として，私は何度も

涙させられた。それ故に、その言葉の重さを素直に理解できたように思う。ソフトボール審判を"心のよりどころ"として人生を築かれているのである。

　全国津々浦々、大会役員、そして、審判員・記録員を初めとする多数の競技役員の中に、そういう人々は多数いらっしゃるのだと思う。まさにソフトボール界を支えている人々である。

磯辺ソフトボールリーグ

　数年前、ご縁あって仲間に入れていただいた「磯辺ソフトボールリーグ」について記したい。私は、これまでに数回参加させていただいただけであるが、メンバーのご好意に甘え部員を継続させていただいている。そして、最高のソフトボール・コミュニティを形成されてきた関係者の皆様に深い敬意の念をいだいている。

　このリーグは、男子6チームで編成され、チーム代表者等からなるリーグ運営委員会が年間計画を定めて、各チームが輪番で試合運営を担当することになっている。このようなリーグは、全国津々浦々たくさん存在するだろうと思う。しかし、この磯辺リーグでは、この6チームからの選抜チームとして壮年・実年・シニアのチームをつくり全国大会出場を目指して努力されているのである。過去の実績も輝かしいものがある。そして、出場資格が制限される市内大会は別にして、このリーグには他地区からの参加者も認められている。

　試合・練習の予定は、全メンバーにメール等で連絡される。そして、通常、午前中には試合・練習は終わる。その後は、毎回千円の会費を出しあって、"ノミニュケーション"が始まることになる。参加はすべて自由であり、予定がある人は途中で切り上げ

て帰る。なんとも楽しい雰囲気を醸し出している。

　そこには，自由で伸び伸びとしたコミュニティが形成されているのである。ソフトボールという共通言語は，人々を日常性から解放し，利害損得にこだわらない安堵の会話を生むのだと思う。なにより関係者のおおらかな寛容の精神がそれを支えている。"心のよりどころ"。人間関係において，そして，人生において，大切にしたい言葉である。

第2章　ソフトボールは世界を結ぶ

2-1　ヨーロッパ・ソフトボール紀行（1）
－指導することの"恐怖"を学ぶ－

ヨーロッパへ

　1999年9月16日（木）午後9時30分，飛行機は，ほぼ定刻にウィーン空港に到着した。入国手続きを終えて，二つの大きなバッグとバットケースを抱えて外に出る。バットケースが私の"目印"である。空港まで迎えに出てくれたのは，ウィーン野球・ソフトボール連盟会長であるクリストファー・ウィザー氏であった。

　この年の4月，早稲田大学教授の吉村正先生を会長として「日本ソフトボール＆ティーボールアカデミー」を創設した。私は専務理事として，規約等の原案づくりを担当し，この組織運営に関与することになった。このアカデミーは，端的に言うならば，国際的な視野をもった指導者の育成，若手研究者への研究助成，そして，ソフトボール・ティーボール（ボールをティー台に載せて，そのボールを打って楽しむベースボール型ゲーム）を通しての国際交流を3本柱として事業展開しようとする組織である。

　そして，この組織の事務局長（常任理事）には，国際社会で活躍されている田辺理氏（当時，ナガセケンコー株式会社営業本部長）がご就任くださった。田辺氏は，ベースボール型スポーツのボールメーカーとして，ヨーロッパに市場開拓するために，世界各地を精力的に回られている方である。そして，田辺氏からこのアカ

デミーに持ち込まれた話が，ヨーロッパ各地への指導者の派遣要請であった。特に，オーストリア・ドイツ・スコットランド（イギリス）の野球・ソフトボール連盟から，女性のソフトボール指導と子どもたちへのティーボール指導ができる日本人指導者を求めている，という話であった。

この年，できたばかりのアカデミーは，小生をヨーロッパへ，早稲田大学の男子ソフトボール部員をブラジルへのソフトボール指導に派遣することを決めた。ちなみに，ヨーロッパへの派遣の条件は，アカデミーが旅費3分の2程度を助成してくださることと，滞在費のすべてを現地の野球・ソフトボール連盟が負担してくれるというものであった。こうして，私の初めてのヨーロッパ・ソフトボール紀行がスタートしたのである。

ウィーンに野球・ソフトボールクラブ誕生

当時31歳のウィザー会長は，19歳の時，すなわち学生時代に12名のメンバーを集めて野球チームをつくったという。12年の歴史を有する野球・ソフトボールクラブ「ワンダラース」は，現在では，男子の野球チーム：3，女子のソフトボールチーム：2，少年の野球チーム（シニア：13～15歳）：1，（リトル：9～12歳）：1を持つメンバー130名のクラブである。最近，このクラブのメンバーが資金を出し合って，ウィーン市内にソフトボール球場を造ったそうである。スケールの大きな話である。

さて，コンピューターのコンサルタント会社を自ら経営するウィザー氏は，かなり真剣に野球やソフトボールを，ウィーンそしてオーストリアに普及させようとしている人物である。しかしながら，現在，オーストリア連盟には，野球チーム：60，ソフトボ

ールチーム：12，少年の野球チーム（リトルとシニア）：それぞれ15が登録されているのにすぎない。

　私は，ちょうどいい時に，いい人物とめぐり逢えたことを感謝したい気持ちでいっぱいであった。それは，"一期一会"，ウィザー氏とのご縁がスタートし，彼と一緒に過ごしたこの3日間，私は彼の野球・ソフトボールの普及と組織づくりについて情熱的な話をたくさん聞くことができたからである。人生には"大きなロマン"が大切だと，身に染みて感じさせられたのである。

野球グラウンド

　第1日目の午後1時30分。ウィザー氏の迎えを受けて市内の野球場へ向かった。午後2時から6時までティーボール・クリニックが予定されていたからである。

　会場に到着すると，私たちの向かい側の面には，数名の男女が野球の練習をしていた。この練習風景は，とても興味深いものであった。なぜならば，キャッチボールのフォームも極端な腕投げ（腕を伸ばしたままで投げる）で，全身を使って滑らかなフォームで投げている人は，ほとんどいなかったからである。私がウィザー氏にそのことを指摘すると，彼は，そのチームがまだ新しいチームであることと，私たちのアドバイスを素直に聞かないのだと話してくれた。しかし，彼らの練習はなかなか熱が入っていた。野球に必要ないくつかの連携プレーを，少人数ではあったが繰り返し練習していた。そして，私たちのクリニックが終わるころまで，その練習は延々と続いていたのである。

ソフトボール・クリニック

　第2日目は，午後2時から6時までソフトボール・クリニックであった。前日のティーボール・クリニックが子どもたちと大人のミックスチームでの試合で盛り上がっただけに，私は，大きな期待感を持って会場に向かった。

　ところが，私たちが到着した2時前には誰もいなかった。2時過ぎになってようやく4名の受講生が登場した。少ししてもう2名が加わり6名になった。正直なところ，なんとも寂しかった。ウィザー氏も10数名は来ると思っていたのだと思う。そして，私を気遣って，ちょうどオーストリアで最も強いチーム（彼のチーム）が，ヨーロッパ選手権でスペインに遠征中であり，ここに来られないのだと説明してくれた。

　彼女たちの年齢は，15歳から21歳，高校生と大学生のウィーン市内にあるクラブのメンバーである。私は，気持ちを切り換えて，その日の4時間のクリニックを組み立てることにする。クリニックのメニューは，おおむね以下の通りである。

① ウォーミングアップ（ストレッチング）
② キャッチボール（捕球・送球の基本）
③ ウインドミル投法の段階的練習法1
④ バッティングの基本
⑤ ウインドミル投法の段階的練習法2

人を指導することの"恐怖"を学ぶ

　さて，ここで私の常識からすれば，『とんでもないこと』が起こった。定刻を少し遅れてスタートしたクリニックのウォーミン

グアップを終え、私が「ウォーター・ブレイク」と言った後、二人の受講生が、用事があるから『バイバイ』と手を振って帰ってしまったのである。日本で講師を依頼された講習会では、このような事態が起こることはありえないのである。全受講生が定刻に集まって最後まで残るのが当たり前であり、終了時には、一つの儀式として受講生代表が『謝辞』を述べてくれることさえある。

　この瞬間からである。生まれて初めて経験するような"恐怖"が襲ってきたのである。ウィーン連盟から招聘されて自分は今ここにいるけれども、予定終了時刻まで約3時間、残り4名の受講生は果たして最後まで残っているだろうか。否、この後、私のウインドミル投法指導を受けた後で、もしかしたら誰もいなくなってしまうのではないだろうか。

　私の指導が功を奏さなければ、次の「ウォーター・ブレイク」では全員帰ってしまうかもしれない。その"恐怖心"である。誰ひとり他に日本人が見ているわけではない。しかし、生まれて初めて、『人を指導することのむずかしさ』を真剣に考えさせられたのである。そして、「ウインドミル投法入門指導」を"命がけ"でやらなければならないと、肝に銘じたのである。

ウインドミル投法入門指導

　さて、残った4名の受講生の中には、腕を風車（ウインドミル）のように1回転させて投げる「ウインドミル投法」で投球ができる選手はいなかった。私は、たったの4名であるが故に、なんとか全員にウインドミル投法のコツを正しくつかんでもらい、速いボールを投げる感覚が理解できるように指導しなければならないと、自らに誓った。

ところで，基本モーションの指導の要点は二つである。一つは，ウインドミル投法は，腕を回旋させ，腕を接触（ブラッシングという）させることによって速いボールを投げることができるので，ノーステップ（スタンディングポーズ）でも速いボールが投げられること。もう一つは，同じ理由によって，接触することによってボールを投球する（ブラッシング＆リリース）がゆえに，リリースポイント（ボールが離れる位置）が一定になりやすく，理論的にはコントロールがつきやすい投げ方であることである。この2点について，私は受講生の目の前で，①ノーステップで速いボールを投げること，②目を閉じてコントロールよく投げることを実演することにしている。

　さて，以上の二つのパフォーマンスを示範すると，ウィーンの受講生たちの反応は，日本でたくさんの受講生を前にして行っている時よりもはるかに大きな驚き（肯定的な）の表情を見せてくれたのである。こうなると，それ以後の指導はやりやすくなる。技術指導では，『なんとなく簡単そうだ』『私でもできそうだ』と受講生に思ってもらうことがまず大切だからである。

基本モーションの反復練習

　私は，ウインドミル投法のフォームづくりのことを，基本モーションの反復練習と呼ぶことにしている。その具体的な指導法はここでは省略するけれども（拙著「コーチングforジュニアソフトボール」ベースボール・マガジン社刊を参照），短時間（15分程度）の説明で，誰でもウインドミル投法の基本モーションはできるようになると考えている。

　この日，私が拙い英語（ウィザー氏が通訳してドイツ語）で何

回も強調したのは，基本モーションの練習を「1日5〜10分程度，日曜日を除いて毎日続けるように」ということである。加えて，とりあえず1ヵ月続ければウインドミル投手になれるとも宣言した。

ボールを投げる

さて，この基本モーションの反復練習のあと，4〜5メートルの距離からバックネットに向かってボールを投げる。いざ投げようとすると腰が前方に移動してしまい，腕が上手く接触しないことがある。この場合には，腰を押さえて，もう一方の手でボールを持っている腕をスイングさせ，接触する感じをつかませ，ボールが手から飛び出ることを体感させると，ほとんどの人は投げられるようになる。この日，彼女たちは，ほんとうに真剣に練習していた。一つの技術，とりわけむずかしいと思っていた技術を自分も身につけることができるという予感をもったからであると思う。

この日，残った4名は最後まで帰ることはなかった。そして，全員がブラッシング＆リリースで速いボールを投げる感覚を身につけることができたのである。私は，とにかくホッとした。

クリニックが終わり，ウィザー氏と夕食をご一緒している時，彼が私に「(終了後)あなたが顔を洗いに行っている間，彼女たちは，丸山は明日も指導できるのかと言っていた」と言ってくれたことが忘れられない。私には，生涯忘れられない一日となった。そして，"人を指導することの心構え"を学んだ"人生最良の日"であったかもしれない。

私は，長い間，ソフトボール指導に関わってきた。しかし，私

自身がソフトボール選手として活躍した経歴はない。ウインドミル投法も，太ももにアザをつくりながら独学で身に付けたものである。当時，1年がかりであった。そんな私に，野球未開発国であるヨーロッパ各地で指導するチャンスが与えられたのである。その理由は，ウインドミル投法初心者指導，そして，子どもたちのティーボール指導ができるということだけである。

この貴重な経験をもたらしてくれたのは，なにより吉村会長・田辺事務局長を初めとする関係者のご芳情のおかげである。改めて，深く感謝を申し上げたい。そして，若い人たちに伝えたい。何事も"やる気"と"その気"と"勇気"がとても大切であることを。

1999年9月，ヨーロッパでの初めての指導。ウインドミル投法指導で最後まで残った4名の女性（オーストリア・ウィーンにて）

2-2　ヨーロッパ・ソフトボール紀行（2）
－受講生の涙－

🖋 ウィーンからフランクフルトへ

　1999年9月20日（月），ウィーンでティーボールとソフトボールの指導を終えた私は，ドイツ・フランクフルトへ向かった。午後4時少し前，フランクフルト空港到着。DBV（ドイツ野球・ソフトボール連盟）事務局職員のヒュープラー氏の出迎えを受けてホテルへ5時に着く。

　午後7時，DBVのスタッフが夕食をしながら打ち合わせをするために迎えに来てくださった。男性4名と初対面。その4名は，DBV副会長のモバシリ氏，翌日から私が指導させていただく野球・ソフトボールクラブ「ドライアイッヒ」の代表のユントマン氏，そのクラブのソフトボールコーチのブロツキ氏。3名とも20代の青年である。

　そして，もう1人の人物は，なんと日本人であった。日本航空フランクフルト支店貨物事業所所長・大井光正氏である。大井氏は上記クラブのメンバーであり，スローピッチソフトボールの愛好者であった。しかも，私と同じ長野県の高校を卒業された方であった。そんな小さな共通点が人と人との距離をぐっと近づけてくれる。大井氏は，フランクフルト在住31年。クラブのメンバーから，日本人コーチが来るから同席しないかと連絡が入ったのだとおっしゃる。そして，私は滞在中，大井氏にたいへんお世話になることになる。

ドイツ野球・ソフトボール連盟

　ドイツ野球・ソフトボール連盟（DBV）は1987年に創設された歴史の浅い組織である。しかし，スタート時は登録メンバーは約千名であったが，年々増加し続け，現在は2万6千名を超えている。国内には約5百のクラブがあり，7種類別に2千4百チームが登録されているという。

　現在，アメリカの「メジャーリーグ・インターナショナル」の支援を受けて，小学校にベースボール（ティーボール）を導入するべく"ピッチ・ヒット・ラン"という教育プログラムを編成し，普及活動を精力的に行っている。また，1999年7月には，ヨーロッパ各国の代表チーム及びアメリカのチームを招聘し，野球とソフトボールの第1回ドイツオープン大会を開催している。

ソフトボール・クリニック

　9月21日（火），午後2時少し前。スポーツプラザ（サッカー場）に到着。この日は，ドライアイッヒ・クラブを対象にしたソフトボール・クリニックの日である。前述のブロツキ氏がコーチを務めるソフトボールチームのメンバーがユニホーム姿で待っていた。15歳から23歳までの女子高校生・大学生が9名，30歳代の女性が1名，合計10名（その内一人は負傷中のため見学）である。前日お会いしたモバシリ副会長，ユントマン会長は途中まで見学。大井氏は最後までユニホーム姿でつき合ってくださった。終了したのは，辺りが薄暗くなってきた午後8時であった。

　この日のクリニックの概要は，以下に示す通りである。

① ウォーミングアップ（ストレッチング）
② キャッチボール（捕球・送球）の基本
③ ウインドミル投法の段階的練習法1
④ バッティングの基本
⑤ シートバッティング
　（ピッチャー：丸山，一人3打席×2）
⑥ ウインドミル投法の段階的練習法2

ウインドミル投法の魅力

　2-1で紹介させていただいたウィーンでのクリニック同様に，この日集まった受講生は，ウインドミル投法は知っていても，1人も投げることはできなかった。私のウインドミル投法の動機づけは，①ノーステップで速いボールを投げること，②目を閉じてコントロールよく投げること。この二つを受講生の目の前で実演することである。ウィーンと同様に，否，それ以上にこの実演に対しては大きな喚声が上がったのである。特に，②のパフォーマンスでは，半数以上が驚いて後方にひっくり返ってしまった。

　私は，ウインドミル投法の技術構造を，大井氏のご協力（通訳）をいただいて丁寧に説明した。そして，上記二つの特色があるが故に，基本モーションの反復練習によって誰でもウインドミル投法を身につけることができることを強調したのである。

　午後2時から8時までの6時間。最後まで残った受講生は5名であった。彼女たちは，1時間毎に10分間とった休憩時間も休むことなくバックネット（仮設）に向かって投げ続けたのである。ほんの数日前，ウィーンでの人を指導することの"恐怖"を学んできたが故に，ドイツでは若干の余裕はあった。

受講生の涙

　6時間という長い時間を5名が最後までつき合ってくれた。しかし，この間には，もう1つの"事件"が起こった。それは，途中，チームではショートストップを守っているリーダー格のAさんが泣き出してしまったことである。1人ひとりと一生懸命つき合ってきただけに，その理由は，容易に推察できた。チームの中で最も上手であると自認している彼女は，他のメンバーが次々とブラッシング＆リリースで速いボールが投げられるようになっていくのに，自分だけ取り残されていることが悔しかった，辛かったのである。

　Aさんの運動センスは，チームの中では明らかに上位である。キャッチボールも上手である。そして，ウインドミル投法の基本モーションも上手である。しかし，ボールを投げようとする時，ほんの少し早く腰が前方に動いてしまうために腕が接触しないのである。同じ説明を何度か繰り返すうちに，彼女の目から涙があふれ始めた。

　実技の指導では，「できる」「できない」がはっきりする。しかも受講生自身が自覚的にそれがわかるが故に，少人数を対象にした指導では，全員がその技術習得をできるようにしなければならないのだと思う。私は，マンツーマンで繰り返し彼女を指導した。そして，彼女に笑顔が戻るのにそんなに時間はかからなかった。重ねて，つい数日前のウィーンでの経験（人を指導することの"恐怖"）が，私自身を少し成長させてくれたと実感できた瞬間でもあった。

ウインドミル投法に夢中

　そして、その翌日の夕方６時、子どもたちのティーボールの指導が終わるころ、30代のクリスティーナさんがユニホーム姿で再びグラウンドに現れたのである。彼女はウインドミル投法の個人レッスンを求めにきたのである。私は約30分間、彼女とつき合い、基本モーションのフォームがとても良いことをほめ、後は１日５〜10分間、基本モーションの反復練習をするように助言した。

　指導を受けに来ている人たちは、いつも真剣に取り組んでいるのだということを、私は改めて教えられた。指導者自身がその自覚をもって臨むことが何より大切なことであることも教えられた。受講生の数に関係なく、１人ひとりの受講生と向かい合った指導ができるようにならなければと、改めてしみじみ考えさせられた。

　そして、ウインドミル投法は、世界中のソフトボール愛好者を夢中にしてしまうことも実感した。

チェンジアップ

　この日のクリニックでは、私が投手となって１人３打席×２のシートバッティングを行った。３打席目は、打者走者となって走ることを義務づけた。

　打撃技術のレベルが高い彼女たちは、私の速球を簡単にジャストミートした。しかし、同じ投球フォームから投じる"チェンジアップ"に対しては、空振りの連続であった。２回目にはバットに当たるようになったものの、ボールをバットの芯でとらえることは少なかった。

　私は、ブラッシング＆リリースが正確にできることによって、

同じボールの握りでブラッシングの腕の接触の仕方をちょっと変えるだけで容易にチェンジアップが投げられることを説明した。当然のごとく，この"チェンジアップ"が，彼女たちのウインドミル投法の練習にも拍車をかけたのである。

デッドボール

前述のシートバッティングで私が自戒していたことは，「絶対にデッドボールは投げてはならない」ということであった。思いがけないことが起こるからである。

しかし，練習が二回り目に入ったころ，私が投じたチェンジアップが某選手の背中に当たってしまった。その瞬間，私はしまったと思ったけれども，練習が和やかに進んでいたことと，チェンジアップであったことから，笑ってすまされると思った。しかし，彼女はオーバーアクションでデッドボールを表現し，顔をしかめた。極端なことを言えば，今までのムードをひっくり返してしまうほどの態度を表したのである。私はすぐにそれを察知し，いつもよりより丁寧に，彼女の顔が穏やかになるまで何度もわびた。

実技の指導を甘く考えてはいけないと，この時も深く考えさせられた。貴重な体験であった。

レンツ副会長

クリニックを終えた午後8時30分，前述のユントマン代表とDBV副会長のレンツ氏がホテルまで迎えに来てくださり，フランクフルト市内で会食した。レンツ氏は，まだ医学部の女子学生であり25歳である。DBVの4名の副会長のうちモバシリ氏とレンツ氏の2名がフランクフルト在住であるという。

この席上，レンツ副会長からは，①来年も他の数ヵ所のクラブのコーチとして来ることはできないか。学生アシスタントが一緒に来る場合にはホームステイで対応できるとのこと。②来年7月に開催する第2回ドイツオープン野球・ソフトボール大会に，日本からソフトボールチームを派遣することはできないか。この2点について正式に要請があった。この日，ホテルに戻ったのは12時過ぎであった。

安堵と予感

　レンツ副会長とは，翌日も事務局長のクラーゲス氏とともに夕食をご一緒した。私の頭の中は，オーストリアとドイツで合計4日間の指導を無事終えたことの安堵でいっぱいであった。そして，今回の指導が来年以降にもつながったことがなによりも嬉しかった。この日，ホテルに帰ってから，このヨーロッパへの短い旅は，私の人生を大きく変えるかもしれないという予感でいっぱいであった。その後も，私は，ヨーロッパでかけがえのない体験をさせていただくことになる。

2−3 ヨーロッパ・ティーボール紀行
―子どもたちは"世界を結ぶ"―

ウィーンでティーボール

　1999年9月18日（土），私は，オーストリアのウィーン野球・ソフトボール連盟会長であるウィザー氏とともに，市内の野球場に到着した。予定では，午後2時から，6歳から12歳までの子どもたちを対象に「ティーボール・クリニック」を行うことになっている。この野球場は，市内に2ヵ所しかない"貴重品"である。野球場に到着すると，すでに数名の子どもたちとその保護者，おばあさんもいた。

　早速，日本から持参したティー台をセットし，2ヵ所でティーバッティングを開始した。使用バットとボールも日本ティーボール協会の推奨品である。子どもたちに思いがけない事故が起きないように，外野に設置されていた組み立て式のフェンスを二つ運んできてティー台の後方に置き，さらにラインを引いて，その外で待機させた。

　次々と子どもたちが集まってきて，その数14名。一番小さい子どもは4人兄弟の末っ子のマックス君。一通り打ち終わったところで集合をかけて，いよいよこれからが本番。

全員が打てるからおもしろい

　私はたどたどしい英語。それをウィザー会長（会長といっても年齢は31歳，19歳の時に野球クラブを創設し現在はクラブ員130名の代表）がドイツ語で説明してくださり，クリニックは進行す

る。ウォーミングアップ（ストレッチ）とキャッチボールを入念に行う。休憩時間には，日本から持参した"風船"をおみやげとして配る。子どもたちは，風船に水を入れてキャッチボールを始めて大騒ぎである。

　そして，改めてバッティング練習。初めてティーボールを行う子どもたちも数名。しかし，時々空振りはあっても全員がバットでボールをしっかりとらえる。3歳半のマックス君は，この日から「ティーボール少年」になったと言っても過言ではない。数年後の彼はどうなっているだろうか。こんな単調な練習の中で，私が実感したことは，"ティーボールは誰でも打てるからおもしろい"ということの再確認であった。

試合にトライ

　ウィザー氏からスケジュール表を手渡された時，この「ティーボール・クリニック」は午後2時から6時までと記されていた。その時の私の正直な気持ちは，初めて会った子どもたちと，しかも言葉が通じないのに4時間つき合えるだろうかということであった。

　前半がようやく終了し2時間が経過。途中からは保護者の数も増えている。数名の方は練習にも参加して楽しんでいる。

　そこで，ウィザー氏に日本ティーボール協会のルールに基づいて試合をすることを提案する。子どもたちの様子を観察しながら，保護者の協力をいただけば試合は可能だろうと判断したからである。子ども14名と大人6人で，ちょうど10人対10人の対戦となる。主審は私である。

さよならゲーム

　第1試合は，全員攻撃制2イニングスで行った。私は，得点が入るたびに両チームにはっきりわかるように，大声でコールした。「ズィーベン・ツゥー・ゼクス（7対6）」の如くである。当然のことであるが，全員が試合慣れしてないので，「タイム」をかけるタイミングを早めることにし，1人ひとりがとにかく"打つ"ことを楽しめるように心掛けた。必要に応じて，ウィザー氏の協力を得てルールの説明も入れた。

　最初の試合が終わった時，第2試合をどうしようかとかなり迷った。その時点で5時ちょっと過ぎ。ケガもなく無事終了することが，この日の最重要課題である。しかし，意を決してウィザー氏に休憩したらもう1試合やろうと提案した。彼はもちろんOK。そして，チーム編成は私に任せると言う。

　私は，まず2人ずつのペアを組ませ，前の試合を参考にしながらチーム編成をした。イニングは最初から3回と決めた。幸運なことに，試合はシーソーゲーム，エキサイティングな展開となった。小学生の子どもたちの競争意識は，どこの国も同じだと痛感した。1回終了5対5，2回終了12対14，3回表で20対14となり，その裏に7点が入り"さよならゲーム"となった。試合終了後の雰囲気は熱気にあふれ，満足感が漂っていたと確信できた。

　その時，途中から最後まで会場にいたおばあさんが，私に近づいてきて，「あなたは子どもが好きでしょう。今日の指導はとても素晴らしかった」と英語でおっしゃってくださった。私は，絶対に大きなケガや事故を起こしてはならないと決めて，長時間，集中力を持続させていただけに，この一言は涙が込み上げるほど

嬉しかった。

ドイツでティーボール

　9月22日（水），私は，フランクフルト郊外にあるスポーツプラザ（サッカー場）にいた。前日のソフトボール・クリニックに続き，この日は，ドイツ野球，ソフトボール・クリニックを行った。その途中から，幼稚園児がお母さんに連れられてグラウンドに入ってきた。渡されていたスケジュール表には，対象者の年齢が記されていなかったので，私はウィーンの延長線上で小学生の子どもたちが来るものと思っていたのである。そんな動揺の中で，2歳から6歳の幼児を対象とするティーボール・クリニックはスタートしたのである。

素晴らしい指導者

　午後4時20分，建築家のガリード氏に連れられて12名の幼児がそろった。グラウンドの周りには彼らのお母さん（お父さんは一人だけ）が見学している。ガリード氏は，あなたの英語を私が子どもたちにドイツ語で伝えるからと言ってくださる。正直なところ，不安と心配ばかりのスタートであった。

　しかし，このクリニックでは，私自身がこれまで幼児教育（体育）に関わってきたことが役に立った。それは，ボランティアで週に一度，自分の子どもも含め，幼児の遊びの指導をしているというガリード氏との間で，「あうんの呼吸」が成立したからである。そして，私がつたない英語で伝えようとすることを，表情豊かに子どもたちに上手に伝えてくれたからである。私は，心配そうに見つめる周りのお母さんたちに向かって，彼を指差しながら"素

晴らしい先生がついている！"と紹介した。

ティーボールで遊ぶ

　この日の指導は、ひたすらティーボール遊びであった。導入部分では、彼らに風船を手渡し、それをふくらませて、手で打ち上げてはキャッチしたりして遊んだ。また、私が子どもたちを抱きかかえて回転したり、スキンシップのある遊びをふんだんに取り入れた。

　続いて、柔らかいティーボールを2人ずつ向き合って、転がしてキャッチしたりして守備練習（？）をした。そして、いよいよバッティング練習である。1人が打席に入り、もう1人はスタートする位置を決めておき、その打たれたボールを駆け足で拾いに行くように指示した。打ったバッターは、その間にダイヤモンドを一周することにした。一応、ホームプレートまでの競争である。

　次の段階では、ボールを追う子どもを2人にし、2人でボールを追いかけ、ボールを拾った子どもがもう1人の子にボールを手渡して、一緒に戻ってくるように指示した。実際、とても単調なティーボール遊びであった。しかし、一つのボールを打ち、それを拾い走ることだけでも、その雰囲気づくりが上手くいけば、十分楽しめることを改めて教えられた。

ティーボールで国際交流

　オーストリアでもドイツでも、子どもたちのティーボールチームで国際親善試合をしたい（日本に行きたい）との申し出を受けた。すぐに実現できることではないけれども、同一ルールでそれぞれの国の子どもたちがプレーする状況ができれば、あとは両国

の関係者が"その気"になるかどうかだけの問題である。

　疑いなく,近い将来,国際親善試合が実現すると思う。そして,子どもに関係することになると,どうして国と国とがすぐに一つになれるのだろうかと,改めて真剣に考えさせられた。"スポーツは世界を結ぶ"のであり,"子ども"は,世界を結ぶ共通言語であるのかもしれない。

2－4　指導論つれづれ草

🖊 「指導」とは？

　「指導」という言葉は，いろいろな場面で使われている。長い間教員をしていると，私自身が日常茶飯事としてこの言葉を使っていることに気づく。手元にある新明解国語辞典（三省堂）によれば，"指導"とは「直接指示を下したり，説明を加えたり，質問に答えたりして教えること」と記されている。

　さて，私は，2000年の7月から8月にかけての10日間，昨年に引き続きヨーロッパでソフトボール指導をする機会に恵まれた。大学の海外出張届にも，出張の目的はソフトボールの"指導"と書いた。ヨーロッパに滞在している10日間。私は，毎日のようにこの"指導"とは一体どういうことなのかを考え続けた。ここでは，現地で私が考え続けたことを指導論としてまとめておきたいと思う。

🖊 ウィーンでの指導

　オーストリア・ウィーンの野球・ソフトボール連盟会長は，弱冠32歳のITコンサルタント会社社長のウィザー氏である。昨年に引き続き，ウィーンの空港に到着し，数日後，フランクフルトに向けて出発するまで，彼は終始，ゲストを丁寧に迎える姿勢で私に接してくれた。

　彼が，ワンダラースという野球・ソフトボールのクラブを創設したのは，学生時代の19歳の時である。そのワンダラースのソフトボールチームは，オーストリアでは最強チーム。昨年のヨーロ

ッパのクラブ選手権では，２部リーグで準優勝するところまで力をつけている。

　さて，オーストリアでの私の指導スケジュールは，以下の通りである。

＊７月27日（木）

　午後５時から８時まで，ワンダラースのメンバーと基本練習。

＊７月28日（金）

　午後１時から４時まで，ワンダラースの子どもたち並びに保護者とティーボール。その後，午後５時から７時まで，昨日のメンバーからリクエストされて，ピッチングと守備のフォーメーションの練習

＊７月29日（土）

　午前９時から午後４時まで，ウィーンから電車で約２時間のところにあるリンツのクラブのメンバーと基本練習。

素晴らしい指導者－ウィザー氏の魅力と迫力－

　さて，私は，ご縁をいただいてウィーンでウィザー氏とソフトボールの球友になれたことを，心から嬉しく思っている。

　昨年，初めてお会いし，彼とはたどたどしい英語でずいぶん語り合った。意気投合したと言っても過言ではない。今年，私は彼に日本製の名刺入れ（木製の箱）を心ばかりのおみやげとした。決して高価なものではないが，次のような言葉を添えた。「あなたは，将来，きっとビッグ・ビジネスマンになると思う。オーストリア，ヨーロッパだけではなく，イン・ザ・ワールドでそうなると思う」と。実際，彼は昨年３名であった社員を，この１年間に16名までに成長させたのである。

グラウンドでのウィザー氏の魅力と迫力は，ある意味では誰でも容易にできそうな簡単なところにある。しかし，私は，そのことに昨年も今年も感銘させられたのである。

　彼は，グラウンドに到着すると，倉庫の鍵を開けて用具を準備する。そして，練習開始時間ぎりぎりに到着する若い女性（ソフトボールのメンバー）たちと挨拶を交わし，和やかなムードをつくる。練習が始まると，コーチである私を終始盛り上げて，彼はボール拾いやボールキーパーなどなど，アシスタントに徹して行動する。空いた時間には率先して水まきもする。

　また，基本的な技術論や戦術論についての会話においても，遠方からきたコーチである私の発言を終始尊重した上で，自分の考えをはっきり主張する。ワンダラースを150名（昨年は130名）のクラブに育て上げることができたのは，なにより彼の人間的な魅力がその原動力であると，私は信じて疑わない。

マンハイムでの指導

　8月初旬の4日間，フランクフルトから車で約1時間のところにある人口約30万人のマンハイムの野球・ソフトボールクラブ「トーネイド」でソフトボール・クリニックを行った。これは，ドイツ野球・ソフトボール連盟が私をそのクラブに紹介して実現したものである。

　このトーネイドのソフトボールチームは，現在，ドイツ国内での最強チームであり，ナショナルチームに7名の選手を送り込んでいる。しかし，そのレベルは，オーストリアのワンダラースと同様にヨーロッパ2部リーグである。

　さて，私の指導スケジュールは，以下の通りである。

＊7月31日（月）

　午後5時30分からジュニアを対象にキャッチボールの指導。

　午後7時から（選手は6時30分ごろ集合し，各自がウォーミングアップをする）午後9時30分まで，ヘッドコーチおよびコーチの指導の下，ゲーム・コンビネーション，打撃練習，守備練習等々を行う。私は，練習を観察し，終了後，彼らとミーティング。

＊8月1日（火）

　午後7時から9時30分まで，打撃練習。火曜日は通常の練習日ではないため，参集した8名でフリーバッティング。2班に分け，ピッチングマシーンを使った練習班と，私がピッチング・マン・マシーンとなった練習班。私は，約2時間，コースを決めて投げ続ける。

＊8月2日（水）

　午後6時からジュニアを対象に，ウインドミル投法の段階的練習法の指導。

　午後7時から午後9時30分まで，前日とほぼ同様な練習。私は，約1時間30分，フリーバッティングの投手を務める。この日は，第2ストライクのあとの打撃練習。

＊8月3日（木）

　午後7時から9時まで，基本練習のあと，守備者をつけてのバント練習。私は，約1時間投手を務める。

　以上のように，今回のドイツでは，私自身は合計4時間30分，バッティング投手を務めた。その理由を以下に記したい。

コーチと選手のプライド

　このマンハイム・トーネイドは，前述したように，ドイツ最強

クラブである。ヘッドコーチとコーチは，野球チームの選手でもあり，"指導"することにプライドを持っているように私には見受けられた。そして，2人ともまだ若いけれども情熱的に指導している。

一方，数名の選手は，ナショナルチームのメンバーであることと，まだ若いけれどもこのクラブでの選手歴が長いゆえに，同様にプライドを持っているように見受けられた。しかし，練習においては，技術的にはレベルが高くても軽率なキャッチングやスローイングが目立った。要するに，総合力ではまだまだたいした選手ではないのである。しかし，練習にはなかなか熱心に取り組んでいる。

何をどのように指導するか

マンハイムのこのクラブで，私は何をどのように指導すればよいのか，その1日目に一生懸命考えた。そして，結論として，ノックバットを持って指導するのではなく，ピッチャーとして1球1球丁寧に投げ続けることをもって，"指導"することを決めた。

私の捕手は，アシスタントとして同道した小寺康彦君（東京理科大学4年）である。私は，ウォーター・ブレイクを2～3分取る以外，3日間高い集中力を持続させながら投げ続けた。打者には，この練習はピッチャーとバッターのバトル（戦い）であることを強調した。そして，時折，小寺君に向かって「コデラ，ハイ・コンセントレーション！」とメリハリのある声で言葉かけをした。

その意図は，バッター1人ひとりに対して，1球のボールを打つためには高い集中力が必要であることを伝えることにあった。そして，高い集中力を発揮するためには，絶えず基本的なことを

しっかり考えてプレーすることが大切であることを伝えたかった。願わくは，私と対峙した打席での経験が，守備での１球のキャッチボールを大切にすることにもつながってほしいと念じていたのである。

指導者の心得

オーストリアとドイツでの短い期間のソフトボール・クリニックを通して，私自身が貴重なことを体験学習できたように思う。

ウィザー氏のような立派な人物に出会うと，彼のフォローによって私が"指導"しているという気分を十分に味わうことができる。その上に，彼は，終始私の指導をほめ続けてくれるのであるから，最高に楽しい気持ちになる。彼のほめ言葉は「ユーアー・スーパー」である。しかし，よく考えてみると，私は彼に終始"指導"されているのである。私が指導しやすいように，その環境（物理的・人的）を見事に整えてくれるからである。

一方，ドイツでは，招聘されたコーチである私に対して，ウィザー氏のように終始気づかいしてくれる人物はいない。もちろん，チームのメンバーは，それぞれに交替してホテルへの送迎や観光プログラムを用意してくれる。しかし，そのクラブのオーナー的リーダーがいないがゆえに，グラウンドでの指導については，私がヘッドコーチ，コーチ，主力選手に終始気づかいすることになる。当然のことであるかもしれない。

今夏，２つの国の異なったクラブで，"指導"について私が痛切に考えさせられたことは，以上のようなことである。要するに，指導者を迎え入れる体制がどうであるかによって，指導者の"指導"の在り方も変化するということである。その意味では，人間

を"指導"する立場にある人は，どのような状況であっても自由自在に対応できる柔軟性が不可欠であると思う。そして，常に素直で謙虚でなければならない。

ドイツ・マンハイムでのウインドミル投法の指導

2−5 ありがとうマインド

若者よ世界に羽ばたけ

 2000年の7月31日から8月3日までの丸4日間,ドイツ・マンハイムでの指導に際して,本学ソフトボール部の前主将・小寺康彦君が同道してくれた。

 彼は,当部の主将選挙において,自分自身の票も含め初めて満票(24票)で主将に選任された人物である。しかし,チームの次期幹部の三役選挙(主将・部長・副将)には立ち会わないと決めている私は,彼が顧問・総監督の立場である私に挨拶に来てくれた時,次のように話したことを覚えている。「自分自身の票も含め満票はほんとうに素晴らしいけれども,1年後,再度選挙することがあったら,おそらく満票はあり得ないと思う」である。大学運動部において,誰からも支持される主将になることはほんとうにむずかしいからである。

 この当部の歴代の主将の中でも熱意と誠意において抜群のリーダーシップを発揮した素晴らしい人物である小寺君とウィーンで指導を終えた私がフランクフルト空港で待ち合わせて,ドイツ・マンハイムにある「トーネイド」というクラブチームの指導をすることになった。

 しかし,小寺君にとってこのドイツへの短い旅は,初めての海外旅行でもあり,戸惑うことばかりであっただろうと思うが実際に海を越えて,母国"日本という国"を考えるとても大切なチャンスである。なにより,現地でその国の人々とスポーツ・コミュニケーションを図ることは,自分自身の"人間の器"を自覚し,

大きくする意味でもとても有意義なことである。言葉は不十分であっても、キャッチボールを通しての"無言の会話"は、彼にいろいろなことを考えさせたと思う。その彼の『感想文』を、ここに紹介したい。

「ドイツでの思い出」
　　（東京理科大学4年　小寺康彦）

　丸山先生から、「ヨーロッパにアシスタントとして同行しないか？」というお誘いをいただいた時、私は迷わず「はい」と答えました。その理由は「若い時に、外国に行って見ることは、とても大切なことだ」という先生の言葉の意味を理解したかったからです。日本に帰ってきて、私なりに感じたことは、以下の三つのことでした。
　① 自分は、世界に出ると何もできないちっぽけな人間なんだ。
　② ウインドミル投法のできることの意味。
　③ 世界は、言葉だけではなく、人間関係をいかにつくるかが
　　大切である。

　大学では主将をしていました。その1年は、私自身にとっては、いろいろな経験ができて大きく成長できたと自負していました。だから、外国に行っても「何とかなるだろう！」と、安易な考えを持っていました。しかし、その安易な考えはドイツに着くなり頭の中からスッ飛ばされました。

　ドイツのフランクフルト空港で大井さん（JALフランクフルト支店貨物事業所所長）とウィーンでの指導を終えてフランクフルトで合流する先生と3人で会った後に、ドイツのクラブチームの方が迎えに来てくれる予定でした。しかし、トラブルがあって、

ウィーンからの先生の飛行機が遅れてしまいました。大井さんは，先生が遅れて到着される別のターミナルに迎えに行ってしまい，空港で１人残されてドイツの人を待つことになりました。30分ぐらい１人で待ち，ドキドキの対面でした。私は，大井さんからアドバイスされた『英語』を伝えようとしましたが，全然通じないばかりか，全く聞き取ることもできませんでした。仕方なく，『Please Wait!』と言って待っていました。先生のスーツケースが出てこないこともあり（２日後に届きましたが），２人のドイツ人と30分くらい会話？？をしていました。質問してくれるのですが，ほとんどわからなく，わかるまで聞いた方がいいと頭ではわかっているのですが，『Sorry, I can not understand.』と言っては，会話を切ってしまいました。

　『ソフトボールの指導者は，ウインドミル投法で投げられないといけない』ということを，ドイツでの指導を見て実感しました。それは，よい投手を育てることはもちろん，よい打者も育てることができるからです。練習２日目に，先生が現地のヘッドコーチの方から練習メニューをすべて任されました。その日は，バッティングだけの日であったので，フリーバッティングを行いました。打者は，外角のストライクだけを持って打つという（内角・真ん中は打たなくてよい）練習でした。投手はもちろん先生で，私は捕手です。捕手をやっていて勉強になったことがたくさんあります。一つ例を挙げると，ボール１個分外角に外されているボールを打者が打った時，『Ball is not strike.』と先生は強調して注意しました。また，次の打席に同じコースに投げて，打者が見極められれば『Good!』とほめる。そうでなければ，また同じ球を繰り返し投げる。投手が考え打者も考える練習が，集中力を増し選

手を育てていくように感じました。次の日、ある選手がとても親しく私にも接してくれ、先生に積極的に質問していました。それを見て、意図した練習を実践できていると選手の信頼を得られることも再確認しました。

　このドイツの生活で、先生は、とても人間関係に気をつかっていました。会う人たちみんなの名前をポケットに入れている小さなノートに綴りは書いてもらい、手の平や腕にカタカナで読み仮名を書き名前を覚えていました。こうしたやりとりの中にも、相手を一生懸命理解しようとし、また、逆に相手もそういう姿に好感を持ち、お互いを理解し合おうという関係が成立していました。それが人間関係をよりよくし、いろいろと名所を案内してくれたり、誕生日パーティーに招待してくれるまでに発展するということも学べました。言葉も重要ですが、やはり世界どこに行っても最後は、人と人との人間関係をいかにつくるかが大切であると思いました。

ありがとうマインド

　マンハイムでの第一日目の朝、2人で朝食をとりながら、私が小寺君に話したことは二つある。一つは、グラウンドへ出てクラブのメンバーの相手をするときには、とにかく相手が今どういう気持ちでキャッチボールしようとしているか、バットを振ろうとしているか、相手の立場に立って相手を可能な限り理解してつき合うように、ということである。そして、もう一つは、この5日間、私は、「ありがとう（サンキュー・ダンケシェーン等々）」という言葉をふんだんに使うけれども、小寺君も私のリピーターでいいので、「ありがとう」という言葉を丁寧に使うように、と指

示したことである。

　そして，すべての指導を終えた翌日の朝，朝食をとりながら彼に話したことは，「ありがとう」という言葉の持つ意味，魅力，迫力についてである。「ありがとう」という言葉には，行動・行為についての説明がすべて省略されているのである。それ故に，現地の言葉で「ありがとう」の前にその説明する必要がないのである。

　いずれにしても，国内・海外を問わずいろいろな場面において，どのように「ありがとう」と言えるかが人間関係の良し悪しを決めてしまうことが多々あるのである。最近では，「ありがとう」や「ごめん」などの言葉を言わなければならない場面でもなかなか言えない人たちも多いのではないかと思う。ましてや，「ありがとう」の"言い方"を考える訓練を私たちはあまりしていないのである。日常生活においてもそのことを正しく理解するとともに肝に銘じ，実践したいものである。

　すなわち，クラブのメンバーがホテルに私たちを迎えに来てくれた場面では，以下のような展開となる。

　夕方からスタートするクリニックのために，午後4時にホテルまで車で迎えに来てくれる。そこで「グーテンターク」と挨拶を交わす。そして，彼女が私のバックを持ってくれる，私は「(バックを持ってくれて) サンキュー!」と言い，彼女の後ろをついて行く。トランクを開けてバックを積んでくれる。私は「(バックを積んでくれて) ダンケシェーン」である。さらに，彼女が車の助手席のドアを開けて乗るように促す。私は「(ドアまで開けて丁寧にもてなしてくれて) ダンケシェーン」である。そして，彼女が運転席に乗り出発しようとする瞬間に，彼女の目をできる

だけ穏やかに見て,「(わざわざ迎えに来てくれて感謝します,会場までの案内をよろしくという気持ちを込めて) フィーレン・ダンク」とより丁寧にお礼を言う。

さらにグラウンドでの練習中でのこと。キャッチボールで私の投げたボールがそれる。それを相手がしっかり捕球してくれる。日本だと,その瞬間に投げた相手は,「ゴメン」「すまん」などのお詫びの言葉を発することが多い。しかし,ドイツでは,「(それたボールをしっかり捕ってくれて)ダンケシェーン」となる。勿論,送球ミスが続いた場合には,繰り返し丁寧に発しなければならない。グラウンドでの練習中,「ありがとうマインド」の優れた人物とつき合っていると,練習はほんとうに楽しくなるものである。

そして,特に海外に出て,言葉が十分に使えないときには,この「ありがとうマインド」はとても大切であり,異国の地で人間関係の距離をちぢめるのにとても効果的である。ただし,「ありがとう」という言葉は,軽いタッチで言う場合も,心からの感謝を込める場合も,必要に応じて丁寧に相手の目を見たり,自分の表情をできるだけ穏やかにして相手に伝えることが大切である。

5円玉の魅力

また,その言葉に加えて,日本からの"小さなおみやげ"を用意して手渡すことも有効である。私の場合,海外に出るときにはたくさんの5円玉を持参することにしている。小さな穴の空いたコインは世界でも珍しいことと,日本語の『5円=ご縁』にからめて,5円玉は日本では幸運をもたらしてくれる"ラッキーコイン"であると説明しながらプレゼントするのである。海外旅行を

始めた頃，妻に教えられたことである。

　マンハイムの選手たちは，私が5円玉を渡した翌日，みなスパイクの紐に通して身に着けてきたのである。グラウンドでの安全とプレーでの幸運を祈願したのに違いない。

　私は，自宅・研究室に『5円玉貯金箱』を用意している。今もたくさんの5円玉が私の手元にはある。これらの5円玉は，私にどのような"ご縁"を授けてくれるだろうか。

2-6　小さな球友

🏏 イギリスへ

　2001年7月21日，午前11時25分に成田空港を出発し，ちょうど12時間後，現地時間午後3時30分にロンドンのヒースロー空港に着いた。この日から8月4日まで，今年もオーストリア・ドイツ・イギリス（今年から）の3ヵ国をソフトボールとティーボールの指導のために回る機会を得たからである。今年で3年目である。

　迎えに出てくれたシャーロットさんの車で1時間半余，オックスフォードにある野球場に到着した。ここでは，日本の企業がスポンサーになっている少年野球のワールドシリーズが開催されている。ワールドシリーズといっても，参加チームはイングランド，スコットランド，アイルランドのチームに日本から参加の1チームを加えた6チームであった。

　翌22日夕方，すでに現地入りしていた日本ソフトボール＆ティーボールアカデミーの事務局長（常務理事）・田辺理氏と，スコットランドのグラスゴーベースボール協会理事長であるホワン・レノウ氏の3人で，グラスゴーに列車で向かう。午後5時40分に出発し，到着したのは真夜中の12時であった。レノウ氏の奥様が私と田辺氏をホテルまで送ってくださった。

🏏 セミナー in グラスゴー

　今回，私がイギリス入りした目的は，このグラスゴーで開催される『ティーボール＆ファーストピッチセミナー』の講師を務めることである。

過去２年間のドイツ・オーストリアでの指導，そして，今年のヨーロッパ各地での指導は前述の田辺事務局長のご尽力によるものである。今回，イギリスでの５日間を初めて田辺氏とご一緒させていただき，かつて商社マンとしてご活躍された田辺氏が，ヨーロッパ各地で，"日本人の心"をもって，野球型スポーツの普及に努めておられる姿に，私は強く心を打たれ，深い敬意の念を抱いた。目の前に"凄い人物"がいる，と思った。

　さて，レノウ氏はオックスフォードに続き，グラスゴーでも開催される少年野球のワールドシリーズ（イングランド，スコットランド，アイルランド，日本の４チーム）のポスター及びパンフレットを見せてくれた。その中には５歳から12歳の子どもたちを対象にした『ティーボール＆ファーストピッチセミナーへのご案内』が印刷されていたのである。これらをグラスゴー市内にたくさん配布したと言う。私にとっては，ヨーロッパで初めて見たベースボール型『講習会案内』であった。

グラスゴーワールドシリーズ

　スコットランド一のスケールを誇るグラスゴーは，かつて大英帝国の第２の郡として栄えた街である。現在もスコットランドの中心的存在で，産業の街として，また，オペラ，バレエをはじめ芸術活動の盛んな文化の街として有名である。

　７月23日夕方，街の中心にあるイタリア・ルネッサンス様式の豪壮な建物であり，観光名所としても有名な市庁舎で，歓迎パーティーが開催された。市長，教育長なども出席されて挨拶があり，グラスゴーが今後，ベースボール型スポーツの普及活動に積極的に取り組む姿勢を知ることができた。

7月24日，小高い丘の上の広い芝生のグラウンドに，早朝から野球のグラウンドが2面設営された。グラスゴー市職員の方が，その作業を担当している。担当者の話では，近い将来，この場所に野球場が3〜4面できるという。そして，この2面を使用して4チームがリーグ戦を行い，上位2チームが決勝戦を行うという大会であった。

不　安

　ところで，イギリス入りしてからの私は，正直なところ不安でいっぱいであった。過去2年間は，ドイツ語を母国語とする国を一人旅し，たどたどしい英語で"指導"をしてきた。今回のイギリスは英語を母国語とする国である。加えて，英語が堪能な日本人である田辺氏も同道されている。私が講師を務める講習会は，25日の午前10時から午後5時まで予定され，長丁場である。

　24日の少年たちのワールドシリーズは，アメリカの『メジャーリーグ・インターナショナル』という会社から派遣された元メジャーリーガーが審判員を務めている。当然のことであるが，現地の人たちと"流暢な英語"での会話を楽しんでいる。そんな光景を見るだけでも次から次へといろいろなプレッシャーが押し寄せてくる。そのときの私の正直な心境であった。明日，どのようにしたら彼らに対して魅力的な講習会ができるのか。試合会場の楽しい雰囲気にひたりながら，そんなことばかり考えていた。

応　援

　リーグ戦の優勝を決める日本とイングランドの試合が行われた。どちらが勝っても，両者は決勝戦でもう一度対戦することになる。

オックスフォードでは，日本チームが優勝しているだけに，イングランドからスコットランドまで遠征してきたチームは，技術的には日本に劣っているけれども闘志満々である。メンバーの中には，どう見ても13歳を超えている体つきの少年もいる。

　その時である。地元グラスゴーのベースボールクラブの子どもたちは，誰からともなくイングランドではなく日本チームの応援を始めた。応援はどんどんエスカレートしている。そんな中で，3人の少女が並んで掛け声とジェスチャーで日本チームの応援を始めたのである。しばらくの間，私はこの応援を観察し続けて，『よし！これだ！』と決意を固めた。

　私は彼女たちに近づき，自己紹介し，とてもおもしろいから私も仲間に加えてほしいとお願いした。応援のコールは「ツー，フォー，シックス，エイト，フー，ドゥ，ウイ，アプリシエイト，ヤーパン（ジャパン）」である。この掛け声に合わせて，両足を軽く開き，腰を安定させて，右腕，左腕を交互に前方に出し，最後の「ヤーパン」のところは，両腕で円を描くように回すというスタイルである。

　3人の名前は，キャサリン，クリアー，ジェニファーである。年齢は10歳。勿論，グラスゴーベースボールクラブのメンバーである。聞けば，翌日はティーボール講習会に参加するのだという。私は，この応援スタイルに接し，翌日の講習会の作戦を組み立てた。それは，親子でのティーボールのゲームの際には，この応援で両チームを盛り上げてしまおう，という単純な発想であった。

応援団結成

　私は3人の"小さな球友"に提案した。この応援はとてもおも

しろいから,決勝戦の表と裏の攻撃が始まる前,すなわち攻守交替している間に対戦相手である「ヤーパン」と「イングランド」,そして審判員の「ユー・エス・エイ(途中からアンパイアとなった)」を順次応援しようではないか,と。もちろんOKである。

　私たちは,グラスゴーのクラブのメンバー及びその家族,そしてアイルランドのメンバーとその家族が仮設スタンドで見守る中,4人で一列に並んで,最終回まで手を抜くことなく応援し続けた。周囲の人たちは皆,温かいまなざしで私たちを見つめてくれたと思う。私に向かって手を挙げてくれる人,ウインクしてくれる人。そして,試合は大接戦の末,日本のサヨナラゲームとなった。たった4チームでのグラスゴーでの第1回ワールドシリーズは,大成功に終わったのである。

　そして,この短い時間を"大応援団"として一緒に過ごしたことによって,キャサリン,クリアー,ジェニファーと私は"ベスト・フレンズ"になった。

応援合戦

　翌日,朝から小雨が降り続いている。午前10時の時点では,講習会参加者はまばらである。しかし,最初に家族で到着したクリアーは「Thank You」と書いたサインボール,そして,封筒に入った手紙を渡してくれたのである。封筒の中には彼女が大切にしている(と思われる)宝物が入っている。涙が出るくらい嬉しいできごとであった。

　30分過ぎから続々と人が集まり,講習会はスタートした。キャッチボールやバッティングのクリニックの後,私が主審となってティーボールの試合を始める。最初の試合は,子どもたち中心で

ある。3名の大人（コーチ）が両チームに入り，技術が未熟な子どもたちをフォローすることにする。しかし，この試合を見ていた大人（親）たちが，いつの間にか試合に参加することになる。それは，前日の"応援"が始まったからである。例の掛け声とジェスチャーとともに，打席に入った人の名前をチームのメンバー全員で合唱するのである。会場はもの凄く楽しい雰囲気となった。

　午後の第2試合。応援の掛け声とジェスチャーに引き付けられて，さらにたくさんの人たちが集まってくる。私にとっても最高の講習会となった。子どもも大人も笑顔，笑顔，笑顔，みな笑顔である。すべて私の"小さな球友"のおかげである。また，どうしても会いたい，と思う。

2−7　友情を育てる

ヨーロッパへの武者修行

　1999年9月，私はウィーン野球・ソフトボール連盟のクリストファー・ウィザー会長の招聘により，ソフトボールのピッチング・クリニック並びにティーボール・クリニックのためにオーストリア・ウィーンを訪れた。その後も毎年ウィザー会長から招聘を受け，短期間ではあるけれども，現地のベースボール型スポーツ愛好者と交流する機会を与えられている。

　このようなご縁をつくってくださったのは，日本ソフトボール＆ティーボールアカデミーの吉村正会長（早稲田大学教授）と田辺理事務局長（当時，ナガセケンコー株式会社国際部長）である。私にとっては，この指導体験は，その1年1年が"勝負をかけた"ものであった。同様に，いわば"ソフトボール指導武者修行"の短い旅をしてきたドイツ・イギリスにおいてもその気持ちは全く同じであった。招聘してくださった現地の各連盟が，それなりに私のことを評価し，「来年も来ないか」と声をかけてくれなければ，その時点でヨーロッパ・クリニックは終了となるからである。それにしても，今日まで継続してヨーロッパ各地を"武者修行"できたことは，ほんとうに幸運であった。

ウィーン遠征計画

　1999年からの3年間，私はウィーンにおいて前述のウィザー会長にたいへんお世話になった。本章でもすでに述べたことであるが，彼のホスピタリティ（もてなし方）はとにかく素晴らしかっ

た。当時34歳の彼に、一回り以上も年上の私は、いろいろなことを教えられ、学んできた。

そして、この人物のいるウィーンにソフトボール愛好者の若者たちを、毎年連れていきたいと考えるようになった。ウィーンには男子のソフトボールチームがあるわけではない。その理由は、ヨーロッパの野球・ソフトボール連盟では、男子が野球、女子がソフトボールと分かれているからである。しかし、日本からの男子チームの遠征によって、ソフトボールが男子のスポーツとしても普及する可能性があると、私は考えるようになった。

そこで、手始めに、私は東京理科大学ソフトボール部のウィーン遠征を計画し、部員たちに提案することにした。当部の幹部学年にそのことを伝えた段階で、この計画は幹部学年が立案し、決断するかどうかというものになる。そして、再三部会を開いて検討した結果、ウィーン遠征を挙行することをチームとして決定した。国内遠征と異なり、1人20万円を超える経費がかかることもあり、なかには遠征に参加できない部員もいる。そのことも皆で真剣に考えるために数回のミーティングが必要であった。

事前準備

この遠征の事前準備は、なかなかたいへんであった。しかし、Eメールがその大きな手助けとなった。国際交流を考え、それを推進するには、絶好のコミュニケーション手段を私たちは有している。

語学力が十分ではない私ではあるけれども、必要不可欠な伝達事項については、メールを通して再度確認することは容易である。それ故に、たいへんなことは多々あったけれどもスムーズに事前

準備ができたと思う。そして，私自身が現地でのそれまでの数回に及ぶクリニックを通して，ウィーンを少しく理解していることが役に立った。

ウィーン遠征1週間

ここでは，ちょうど1週間のウィーン遠征の流れを報告しておきたい。

9月10日（火）午前10時50分，オーストリア航空便にて成田を出発。約12時間のフライトの後，現地時間午後3時30分，ウィーン着。空港からバスにて，ウィーン市内のハーモニーホテル着。団長は筆者。参加者は男子14名，女子（マネージャー）4名，合計19名である。ホテル到着後，ウィザー会長と対面。スケジュールについて再確認する。

9月11日（水）午後2時，ホテルからプラッター公園に隣接する野球・ソフトボール球場へ向かう。その時間までは，市内自由行動。ただし，三人以上のグループで一緒に行動することを義務づける（思いがけない事故が起こらないように，またもし起こっても対応できるようにするためである）。午後3時過ぎから，現地のクラブチーム：ワンダラースのメンバー（男女6名）と合同練習・交流試合。

9月12日（木），前日とほぼ同様のスケジュール。ただし，午後7時から，グラウンドに隣接するクラブハウスにて，"フレンドシップパーティ"を開催していただく。このパーティーには，オーストリア日本大使館の丸山茂治公使に出席いただいた。素晴らしいパーティーであった。

9月13日（金），終日，ハンガリーのブタペスト観光。

9月14日（土），午前中は市内観光。午後2時からインターナショナル・コミュニティにあるアメリカンベースボールクラブと親善試合（ファーストピッチとスローピッチ）。夜は，ウィザー会長の招待によるワインパーティー。

9月15日（日），午前中は市内観光。午後2時から5時まで，約30名の子どもたちと学生の交流プログラム"ティーボール・クリニック"を行う。多数の保護者が見守る中で，練習の後，学生と子どもたちの混成チームを3チーム編成しての交流リーグ戦。

9月16日（月），午前11時，ホテルを出発しバスにて空港へ。午後2時25分，ウィーン空港発。

9月17日（火），午前9時（日本時間），成田着。

キャッチボールは心の会話

ウィーンのソフトボール球場。そこには，ドイツ語圏のウィーンでドイツ語がほとんど話せない日本人と日本語が全く話せないオーストリア人がいた。第1回目の合同練習，私たちが練習試合をするためには，ウィーンのメンバーが最低4名は必要であった。その日駆けつけてくれたのは，3名の男子と3名の女子であつた。みなクラブの若いメンバーである。

月並みな合同練習の後，A・Bチームに分かれての日本 VS オーストリアの歴史的な交流試合が始まった。試合に参加したウィーンの球友は，Aチームにハガウド（センター）・カティー（ライト），Bチームにトーマス（サード）・エバ（セカンド）・アストリッド（ライト）の5名の選手である。ポジションは，彼らの技術的な力量を判断するとともに，ウィザー会長とも相談して決定した。

予想していた通り，両国の若者たちはとても楽しそうである。お互いに短い挨拶程度のドイツ語と英語を駆使して，一生懸命コミュニケーションを取ろうとしている。チームメイトとして一緒に楽しくソフトボールをしたいという気持ちがビンビン伝わってくる。疑いなくソフトボールは，国際社会における"共通言語"としての意味を有している。参加者はみな，キャッチボールを通して心の会話を楽しんでいたのだと思う。

日本大使館の支援

今回のウィーン遠征について，私は学生時代からなにかとご指導いただいている衆議院議員・松浪健四郎代議士（当時，外務政務官）に相談し，ウィーン大使館に連絡していただいた。おそらくわが国で最初のソフトボールチームのウィーン遠征ということもあり，両国の国際親善に大いに貢献できると考えたからである。

ウィーンに到着した翌日，あらかじめ約束をいただいた日本大使館の丸山茂治公使を，ウィザー会長とともに訪れ，12日に予定している"フレンドシップパーティー"へのご出席をお願いする。丸山公使は，ちょうど1週間前にウィーン日本人会のソフトボール大会が開催され，そこで自らが投手として出場されたことを話題にされ，たいへん好意的にその申し出を快諾してくださった。

さて，パーティーの当日である。両国のメンバーは大いに盛り上がった。お互いの自己紹介をたどたどしい英語で行い，美味しいバーベキューとともに，最高に楽しいひとときを過ごしたのである。しかし，そのパーティーが終わろうとする頃，事件は起こった。幹部学年の部長を務める普段はたいへんしっかりしているH君が，疲労が溜まっていたため体調を崩し，救急車のお世話に

なることになってしまったのである。

　このときに，全面的なご支援をくださったのが丸山公使であった。救急車への付き添いは1人と決まっていることから，「ドイツ語と日本語が話せる私がベスト」とおっしゃってくださり，病院まで付き添ってくださったのである。その上，病院での書類の作成を一手に引き受けてくださり，その日は深夜12時までお付き合いいただくことになってしまった。また，ウィザー会長の父上には，丸山公使と小生をご自宅・ホテルまで送っていただいた。翌日，H君は病院を退院し，無事一緒に帰国することができたのである。そして，丸山公使には帰国後も保険金請求のためドイツ語の診断書の日本語訳をFAXにて送信いただくなど，最後の最後まで親身になってご支援をいただいた。私にとっては，ウィーンのこの日の出来事は，生涯忘れられない"想い出"となった。

ウィーン・インターナショナル・フェスティバル

　一つの事件は，人間関係の距離を短くするものであると思う。今回のウィーン遠征が大成功であったことが前提となって，私とウィザー会長，そして，丸山公使の間で，来年の9月，第1回ウィーン・インターナショナル・ソフトボールフェスティバルを開催しようではないかという話が持ち上がった。

　現地ウィーンのチーム，大人・子どもを合わせて13チームあるという日本人会のチーム，インターナショナル・コミュニティのアメリカのチーム，そして，私が参加者を募集して日本から観光とソフトボールを楽しみに行くチーム。これらのチームに加えて，他国の大使館関連チーム，私が今まで訪れているヨーロッパ各地のチームが加われば，近い将来はとても魅力的な大会になりそう

である。

［付記：この計画は，その半年後，丸山公使が転勤で日本へ帰国されたため頓挫してしまった。いつの日か実現したいものである。］

2-8 ウィーンの子どもたちと遊ぶ

日本人の海外旅行

　毎年刊行されている『観光白書』(国土交通省観光庁編)によれば，日本人の海外旅行者数は，1990年に初めて1千万人を超え，2000年には1,782万人と過去最高を記録した。その後，若干減少しているが，2005年から2007年までは1,720～1,760万人をキープし，その後また減少したが，2010年には1,664万人となっている。

　一方，諸外国の海外旅行者数の国際ランキングでは，国際観光振興機構(JNTO)の2008年のデータでは，①ドイツ：7,300万人，②イギリス：6,901万人，③アメリカ：6,368万人であり，以下，④ポーランド，⑤中国，⑥ロシア，⑦イタリアと続き，日本は1,599万人で第14位であった。

　また，訪日外国人数については，2000年に476万人であり，長い間，わが国の観光政策の課題として，海外旅行と訪日旅行のアンバランスが指摘されていたのである。そこで，2003年からは，官民一体となってわが国の観光魅力を発信して，訪日外国人1千万を目指し『ビジット・ジャパン事業』に取り組んできたのである。その結果，加速的に増え続け，2010年には861万人と過去最高を記録しているのである。

　しかしながら，海外旅行者・訪日外国人のそのほとんどはアジア地域の国々が多く，ヨーロッパ地域との国際交流はまだまだ少ないのが現状である。実際，ヨーロッパ各国へ旅行すると，現地で日本人と出会うことはアジア各国に比べてはるかに少ないのである。

私の海外旅行経験と学び

　私が初めて海外旅行したのは31歳のときであった。このときはヨーロッパ４ヵ国を約２週間で観光した。そして，37歳のとき，米国サンフランシスコで開催された第１回世界市民スポーツ大会に参加したのが２回目であった。そして，今日に至るまでに20数回海外に出た。みな安い航空券・パッケージツアーを見つけての１週間程度の短い旅行であった。

　私が，40歳前後の頃から海外旅行に積極的に取り組んできたのには理由がある。それは，前述の世界市民スポーツ大会への参加とそこでの経験が強烈なインパクトを与えてくれたからである。その当時，私が感じていたことは，スポーツ・ツーリズム（スポーツ交流を中心とした観光旅行）は素晴らしいということである。

　私は，言葉を通してでは十分なコミュニケーションをはかることができない人間同士であっても，スポーツという"無言の言語"が介在することによって，短時間にして"小さな友情"を育てることが可能であることを学んだと思う。一緒に汗を流し，一緒に応援し，勝敗の楽しさ，悔しさを一緒に分かち合う。理屈抜きにこのような人間交流できるスポーツは，国際社会への絶好のパスポートであるとも言えよう。"小さな友情"は，やがて"大きな友情"へと発展すると思う。

　そして，もう１つ大切なことは，日本の国を離れて日本の国＝母国を考えることは，ただそれだけで人生観，人間観を深く考えさせられる意味があるということである。ましてや現地の人々との交流は，日常生活ではあまりイメージすることのない"平和"という言葉の持つ意味をも深く考えさせてくれるのである。

以上のことから、私はライフワークの1つとして、特に若者たちのスポーツ・ツーリズムを積極的に推進することを決意したのである。そのためには、私自身が1週間程度の様々なスタイルの旅行経験をもたなければならない、様々な失敗体験を通して"海外旅行"を学ばなければならないと考え続けてきたのである。

ウィーンへ学生を連れていく

 前述のように、1999年から2001年までの3年間、ウィーン野球・ソフトボール連盟、クリストファー・ウィザー会長にソフトボール＆ティーボールクリニックの講師として招聘いただいたことが、私に日本のソフトボールチームとウィーン連盟との国際交流を決意させた。

 その理由は、ウィザー会長のお人柄。ウィーンが世界一の観光都市であること。安全な街であること。ヨーロッパであっても昔に比べるとかなり安いツアーが組めることなどである。そして、最大の理由は、ベースボール型スポーツが黎明期の国で、日本のソフトボール愛好者が現地の初級者への"コーチング経験"を通して交流し親睦を深めることにトライしたいという強い願望であった。その経験は、1人ひとりの人生観、社会観、人間観の形成に大いに役立つと考えたからである。

 そして、その手始めに、東京理科大学男子ソフトボール部の部員を引率し、現地のクラブチーム並びにアメリカンクラブのメンバーと合同練習・親善試合を行うとともに、現地の子どもたちのコーチングを体験させることが、私の一大計画であった。

ウィーンの子どもたちと遊ぶ

　その日がとうとうやってきた。9月15日，ウィーン郊外のプラッター-公園近くのソフトボール場，午後2時にティーボール・クリニックの開始である。ところが，小雨のためその時点での参加者は親子1組。正直なところ，この日のために学生を連れてウィーンに来たのにと心配になる。昨年大いに盛り上がったこともあり，私の心の中では必ず15名前後の子どもたちは集まってくるはずだという確信があったけれども，その気持ちはぐらついていた。

　しかし，その心配は無用であった。2時20分頃までに，昨年の倍，約30組の親子が参集してくれたのである。そして，雨はいつのまにか止んでいた。予定は5時まで，この試みがどのような展開になるか，わくわくするような思いがあった。

部員たちへの助言

　プレーイングフィールドに集まったのは，子どもたち約30名の他に，部員18名，そして現地のクラブコーチ若干名。もちろんウィザー会長もいる。

　最初は準備体操である。これは，私たちが練習開始時にいつも行っている方法をそのまま用いた。日本語では，『イチ・ニ・サン・シ』と1人が大きな掛け声を出すと，その他のメンバーが全員で『ゴウ・ロク・シチ・ハチ』と返すことになっている。ウィザー氏はこの掛け声をドイツ語の大きな声で最後まで出し続けた。日本語あり，英語あり，ドイツ語ありの楽しい光景であった。

　次に，私が指示したことは，部員を2～3人一組（1人だとグループの仕切りが上手くできない部員もいるため）にし，子ども

たちを 3 〜 5 人一組にして，それを組み合わせることであった。原則的には 2 人の部員が 4 名の子どもと一緒に一つのグループをつくることになる。そして，部員に対しては，まず，子どもたちの名前を聞いて，手の平に書くなどしてしっかり覚え，彼らの名前を呼んでつきあうこと。そして，自己紹介して仲良くなること。このグループ単位での行動（練習）を尊重して，楽しい雰囲気を醸し出すことをグループ間で競争することなどを指示する。そして，キャッチボール等の際には絶対にケガをしないように配慮するとともに，十分に注意するようにと助言した。この「十分に注意するように」という言葉掛けは練習の間，具体的な助言とともに終始投げ掛け続けた。

仲良しランニング

　私が部員と子どもたちが親しくなるために選んだメニューは，仲良しランニングである。最初は，1 グループずつ部員と子どもが交互に手をつないで，私の『レディ！　ゴー！』の合図に対して『オー！』などの声をみんなで揃えて返してからスタートし，いろいろなランニングをするというものである。部員には，各グループ毎に気持ちを一つにして仲良く一緒に走る（子どものペースに合わせる）ようにと助言する。これは予想していた通り，最初から子どもたちの笑顔をたくさん見ることができた。もちろん，学生諸君も楽しそうである。

　続いて，2 グループを一緒にして同様に交互に手をつないで走るメニューを行い，さらに一緒に走るグループ数を増やし，最終的には全員が一列に並んで仲良しランニングをするというものである。ベンチで参観している保護者たちの顔も終始ほころんでい

たと思う。

　続いて，キャッチボールとティー台に載せたボールのバッティング。部員には，キャッチボールではとにかく子どもたちが捕球できるボールをその技術レベルに合わせて丁寧に投げるように指示する。子どもたちもクラブで定期的に練習しているので，まあまあのレベルである。

3チームでティーボール・リーグ戦

　練習の後はいよいよ試合である。各チームの力のレベルが均等になるように配慮しながら練習グループを組み合わせて3チームを編成。試合順を決めてリーグ戦を開始する。

　ここで私が試みたことは，打者が打席に入ったときは，攻撃側が全員で打者の名前をコールし，手拍子三つを3回繰り返して応援団を結成するというものである。部員が音頭をとってその子の名前をチームメイトに伝え，例えば，ダニエル君が打席に入ると，「ダニエル！」（名前コール）チャッ！　チャッ！　チャッ！（手拍子3回）を数回繰り返すことになる。

　当然のことであるが，部員は気合を入れて自分のチームの子どもを応援することになる。攻撃チャンスであれば，その手拍子と名前コールは激しく大きなものになる。応援はどんどんエスカレートしてグラウンド全体がとても楽しい雰囲気になる。このリーグ戦の優勝決定戦。なんとウィザー会長のサヨナラホームランで幕を閉じたのである。とてもエキサイティングな1日であった。

　帰国後，ウィザー会長から届いたメールの中に，ティーボール・クリニックの後，数名の保護者から彼のところに電話があり，あの企画はとても素晴らしかったという声が寄せられたという感謝

のメッセージがあった。ウィーンの子どもたちと遊ぶ。わが部の部員たちは，子どもたちと遊んで何を学んだのだろうか。

ウィーン野球・ソフトボール連盟・クリストファー・ウィザー会長とともに

東京理科大学体育局ソフトボール部員と，ウィーンの子どもたち

2−9　スコットランド・マルヤマ・スクール

🥎 グラスゴー着

 2001年8月4日（月），現地時間午後6時30分，グラスゴー空港到着。SAU（Scottish Athletic Union）：（昨年まではAthleticはAmericanであった）会長のホワン・レノウ氏の出迎えを受け，車で彼の自宅に案内される。第1日目は，彼の自宅に泊めていただくことになっており（翌日からはホテル），明日から6日間の『スコットランド・マルヤマ・スクール』の打ち合わせをするためである。

 前年度に引き続き，英国スコットランドのグラスゴーにおいて，5歳から11歳の子どもたちを対象にしたベースボール（ティーボール）・クリニックを開催することになり，しかも今年からは私の名前を冠したスクールとしてスタートさせていただくことになったからである。

 レノウ会長との打ち合わせはとても簡単なものであった。『すべて，あなたがいいようにやってくれ』という，ただ一つの申し出だけだったからである。そして，スクールの期間中，常時2人のアシスタント（SAUのコーチ）を付けてくれるという。

🥎 第1日目，最初の仕事－名前を覚える－

 8月5日（火），レノウ会長の車で，会場であるトロクロス公園へ。快晴である。会場に到着すると，その日の世話役であるキャサリンが笑顔で迎えてくれ，続いてアシスタント役であるアンドリューとカースティを紹介される。

開始時刻の10時頃になると，子どもたちがお母さんとともに次々と登場。そして，10歳のフレイザーをリーダーとして100メートル程離れたところにある倉庫から用具運びが始まったのである。子どもたちが一生懸命準備をする。なかなかいい光景である。

　さて，私もその用具運び，グラウンド設営を手伝いながら，ユニフォームのポケットから小さなノートとペンを取り出し，子どもたちとのコミュニケーションを開始する。グラウンドでの最初の仕事である。私は，グラウンドに到着した子どもたちに名前を尋ね，ノートにフルネームで書いてもらう。それを丁寧に発音して確認し，ふりがなを振る。さらに，その子どもの特徴を書き加える。例えば，『緑色の帽子，ポイントの入った白のTシャツ』などである。そして，一通り参加者が集まった段階で，周囲にわからないように，そのメモノートに記した1人ひとりの名前や特徴を手の平や腕に書き移すことにしている。今から始まる活動に際し，すべての子どもたちの名前を正確に呼んでつき合うためである。

　この日，到着した順に子どもたちの名前（年齢）を記してみたい。

　ジャック（8），フレイザー（10），スモール・ジョン（5），ロス（9），デビット（15），クリアー（11・女），レガン（7），リギン（7），ジェラルド（6），レスリー（11・女），マイケル（9），キーリン（9），ローレン（11・女），ヘンリィー（10），グレッグ（7），エマ（5・女），ビッグ・ジョン（8）。以上17名である。

✂ バルーン・エクササイズ

　第1日目の最初のメニューは，名付けて「バルーン（風船）・

エクササイズ」である。というよりも，この6日間，私が終始取り入れたメニューである。このスクールのために，私が考えに考えたメニューである。

　私はまず"私自身のこと"を子どもたちに興味をもってもらうために，日本からたくさんの"ジェット風船"を持参した。大きくふくらませてから手を離すと，風船は音を出して飛行機のように空高く，20～30メートル先まで飛んでいくのである。子どもたちは，この風船を私の指示に従い，年齢別，性別，運動能力別のグループ3～5名で追いかけてはダイレクト・キャッチを試みるのである。そして，ダイレクト・キャッチができたら3ポイント，地面に落ちた風船を拾った場合には1ポイントなどと決めて競争意識を駆りたてるのである。トータルポイントが10ポイントになるとその風船をプレゼントする約束になっている。勿論，参加者全員にプレゼント風船がいくように配慮している。

　このエクササイズのおもしろいところは，子どもたちが一生懸命風船を追いかけて，時には友だちと接触しながらも風船を取り合うところにある。みんなかなり真剣になる。ダイレクト・キャッチした子どもは跳び上がって喜んでいる。そして，見ている大人たち（保護者）は拍手と笑顔でこれを称えることになる。

ささやかな作戦

　子どもたちを指導することは決して容易なことではない。そして，とても大きな責任があることをいつも痛感させられている。私は，ご縁あって大学2年生（19歳）のときから，幼児の体育指導に関わるようになり，今日までそれを続けている。ちなみに，現在は各地の幼稚園に出かけて，公開保育「体育あそび教室」と

銘打って子どもたちの体育的な遊びの指導に取り組んでいる。親子ふれ合い活動の講師として100〜300人を対象にダイナミックな体育的な遊びの指導をすることも多い。

　私は，子どもたちの指導で最も大切なことは，指導者自身が一人の人間として，子どもたちに興味を持ってもらうこと，好かれることであると考えている。そのためには，私自身が子どもたちと同じステージに立って"こころ"を一生懸命理解する努力をし，彼らの気持ちになって一緒に行動することが大切であると考えている。

　さて，第１日目，このバルーン・エクササイズは大成功であった。私と子どもたちの"人間関係の距離"をぐっとちぢめてくれたからである。しかし，この日のバルーン・エクササイズは，10時40分から11時までの20分間のみとした。当然のごとく子どもたちはもっとやりたがっている。そこで私は一言，「この続きは明日の朝やろう！」と語りかけてスパッと終わる。明日の朝，嬉々として集合することを願ってのささやかな"時間厳守集合作戦"である。

　第２日目以降，多数の子どもたちが，朝一番のメニューであるこのバルーン・エクササイズに参加するために，開始時間に遅れることなく集まってきたことは言うまでもない。

子どもたちの指導で心がけたいこと

　かつて，『コーチング for ジュニア　ソフトボール』（ベースボール・マガジン社）を刊行させていただいた。その中で，子どもたちの指導では，指導者が「楽しさを伝える人間的な環境として」関わることが大切であると説いた。そのための基本的な心構えと

して，①目と目で挨拶を交わすこと，②目線を同じにして話すこと，③個人差をできるだけ正しく理解すること，④たくさんの"ほめ言葉サンドイッチ"を用意することなどを列挙した。

　ところで，今回の指導では，そのような基本的な事柄に留意しながらも，筋肉痛や疲労感をあまり感じさせることなく，できるだけ多くの技術的な反復練習をさせることを心掛けた。その理由は，集まってきている子どもたちは，原則的に週1回約90分の練習をしているのみであり，なかにはほとんど初心者という子どももいる。したがって，まず基本の技術をしっかり身につけさせることが大切であると考えたからである。

　また，ミスをしないようにコーチが捕りやすいボールを投げることを前提として，『ノーミス連続20キャッチボール競争』（コーチが順番にボールを投げてキャッチボールをし，全員で数えながら早く20回のキャッチボールを達成した方が勝ち。ただし，ミスをしたら1からやり直し。円形や直線的などいろいろなバリエーションがある）等々で競争意識をくすぐることによって，正確なキャッチボールの大切さを伝えるとともに，みんなで応援し合って楽しむ雰囲気づくりにも心がけた。

　そして，その発展段階としては，コーチの代わりに年上の子どもをコーチ役としてこのノーミス連続キャッチボールに取り組むようにした。こうすると，リーダー役になった年上の子どもたちは，年齢差や技術差を考慮して，思いやりのあるキャッチボールを心がけるようになる。勿論，コーチ役に指名された子どもは，リーダーとしての自信を持つことにもなる。

キャプテンの指名

　午前中の基本練習が終わり，約1時間の昼休みの後，2時30分頃までは，試合形式を意識した練習，その後，子どもたちにとっては待ちに待った試合となる。技術の巧拙に関係なく，子どもたちはとにかく試合をやりたがり楽しみにしている。

　その試合は，私がアシスタントのコーチと相談しながら，特別ルールを取り決めて行う。主審は私である。さて，その試合開始に際しては，2チーム（最終日は3チーム）を編成した後，2人のコーチを両軍の監督とし，キャプテンの指名権を与えることにする。そして，キャプテンには，試合に先立ち短いコメント（勝利への意気込み）を述べるチャンスを用意する。この方法はたいへん有意義であるとともに，予想外のおもしろい展開を見せてくれたのである。

　例えば，年長であるが故に指名されて選ばれたキャプテンが，みんなの前に立っても緊張のあまり言葉が出てこないのである。なんとか背後に立っている監督に助けられてその任務を果たすことになる。しかしながら，このようなキャプテンの緊張を目の当たりにしている子どもたちのほとんどが，自分がキャプテンになってみんなの前でショート・コメントを述べてみたいと思うようになる。したがって，チーム編成が終わると自分の方を指差して，自分をキャプテンに選んでほしいとアピールするようになったのである。とても楽しい光景であった。

スモール・ジョン

　私にとって生涯忘れられない一つの思い出を記しておきたい。

それは，5歳の少年，スモール・ジョン君のことである。年上に同じジョン君がいたが故に，トロクロス公園ではみんなが『スモール・ジョン』と呼ぶようになった。

彼は，今回の6日連続のマルヤマ・スクールに皆勤である。お母さんと2人のお姉さん（中学生）を引き連れて，土曜日・日曜日はそれにお父さんも加わって家族全員で参上。彼は，この6日間，家族の中心であると同時に，このスクールの中心人物であった。5歳の彼は，とにかく一生懸命プレーするのである。ある日，彼はフリーバッティングの練習で『キャッチャーをやりたい』と申し出る。私は，危険が伴うので一瞬躊躇する。しかし，彼と約束事を決めてOKを出す。1人7球ずつ打つボールを一生懸命集めて手際よく準備したのである。

3日目であったと思う。昼休みに私がグラウンドに座って休憩していると，彼が私の横に黙って座ったのである。私は，言葉をかけずにしばらくの間2人で並んで座り続けた。マルヤマとスモール・ジョンが友だちになった瞬間であった。翌日から，午後の練習開始前に，私とジョンは一緒にトイレに行き，売店でアイスクリームを買って，2人で食べながらグラウンドへ戻ることがお決まりのコースとなった。

最終日の閉校式。レノウ会長は，参加した子どもたちのためにメジャーリーグ関係のグッズを用意して，そのプレゼンテーターに私を指名した。そして，最優秀選手を1人選べという。私は迷わずスモール・ジョンを選んだ。たくさんの子どもたちと関係者の前で，私はMVPとして『スモール・ジョン！』と大きな声を発した。万雷の拍手であつた。

5歳の彼が，この第1回スコットランド・マルヤマ・スクール

を精神的に支えてくれたのである。私にとっては、疲労困憊の6日間であった。最後の挨拶は、事故なく無事に終了した安堵で涙がこみ上げてきて、しばらく言葉を発することができなかった。トロクロス公園でのあの拍手は、私の人生に大きな激励をくれたと思う。心から感謝したい。

［翌年、SAU内部でクラブ運営についての意見の食い違いが生じ、このマルヤマ・スクール開校の正式な連絡はこなかった。しかし、今日まで、当時の役員のC氏からは、再びグラスゴーを訪れるようにとの強い要請がきていることを付記しておきたい。近い将来、実現したいと思う。］

スコットランド・マルヤマ・スクールの子どもたち

2-10　日韓ソフトボール交流のすすめ

2回目の韓国遠征

　2003年8月27日（水）から9月1日（月）まで，東京理科大学（以下，本学）ソフトボール部は，私を団長として総勢17名で韓国遠征を行った。当部としては2回目の韓国遠征である。練習・試合会場は，ソウル市内にある塩光高等学校（1965年に創設された私立高校）にお世話になった。

　なお，この遠征は，私の大切な友人である徐相玉先生（社団法人韓国ニュースポーツ協会会長），尹相俊先生（当時，日本体育大学大学院博士課程。現在，東京理科大学非常勤講師）の絶大なるご支援によって実現したものである。

韓国の親友

　数年前，私は，日本体育大学同窓会本部の役員として，日韓合同同窓会をスタートさせることに関わったことがある。そして，この会を，2年に一度相互持ち回りとして開催するに際して，両国の体育・スポーツの諸課題を学術的に比較研究することを目的として，「日韓（韓日）スポーツ科学アカデミー」を立ち上げたことがある。両国の規約を作成し，役員を選任し，私がその交渉の窓口を担当することになり，事前交渉に2度韓国を訪問した。いずれも2泊3日の短い出張であったが，2回目はすべて自費での出張であった。

　その理由は，1回目の両国間での約束事について，私自身の未熟さによって日本側組織委員会の全面的な理解が得られず，その

ために韓国の会長にお詫びを申し上げるために渡韓しなければならない事情ができてしまったからである。隣国かつ同窓会という組織としての友好関係が前提にあるとしても，国際交流の難しさを厳しく教えられた貴重な体験であった。

　しかし，このささやかな事件によって，私は日本の体育・スポーツ系の大学院を修了して韓国の大学で体育学の教員をしている数名の友人を得ることになる。すなわち，彼らが私の窮地を十分理解し，絶大なる支援（翻訳・通訳）をしてくれたことによって，予定どおり「第１回日韓（韓日）スポーツ科学アカデミー」は開催され，素晴らしい日韓交流の体験を共有できたのである。以来，彼らには『日韓交流』の大応援団としてご尽力いただいている。

　例えば，2002年３月には，本学で開催した日本幼少児健康学会の大会組織委員長として「日韓合同シンポジウム」を企画して，18名の韓国幼児体育学会の関係者（学生も含む）をお迎えしたのである。これも，その友人たちの絶大なる協力に支えられたものであった。そして，2005年３月には，さらに大きな「日韓合同シンポジウム」を本学で開催している。そして，2012年２月には，上記学会の創設30周年記念大会を本学で開催する予定であり，これまでの日韓交流事業の総まとめとして大規模な「日韓交流企画」を検討中である。

　さて，そんな彼らに，私が日本や韓国で会うたびにお願いしてきたことは，日韓のソフトボール交流に本気で取り組みたいから，そのときには全面的に応援してほしいということであった。

人の和（輪）をつくる

　さて，本学ソフトボール部は，2000年に初めての韓国遠征を行

っている。これは，前述の韓国の友人たちの協力を得て，慶熙大学のキャンパスを借用して合宿を行った。この遠征は，まだほとんど普及していないと聞いている韓国男子ソフトボール普及のための種まきができればいいと考えたからである。この時の遠征では，韓国女子ナショナルチームに多数の選手を送っている慶熙大学フィールドホッケーチームと，バスケットボールの親睦試合をしたことが忘れられない。

　ところで，今回の韓国遠征には，一つの明確な目標があった。それは，男女を問わず，韓国のソフトボールチーム（愛好者）と合同練習や親睦試合を行うことであった。そのためには，新しい"人の和（輪）"をつくるために，韓国のソフトボール関係者を紹介してもらうことが不可欠であった。

　結果として，前述の徐相玉先生がご尽力くださり，出発前の段階で確認できていたことは，ソウルの高校のグラウンドを借用して練習ができること，高校女子チーム，大学女子チーム，社会人男子チームと合同練習または試合ができるということであった。

　しかしながら，出発前に部員に話したことは，韓国のソフトボール事情については，私の友人たちも十分に把握していないので，現地に着いてからどのような展開になるかわからないことも理解した上で遠征に臨んでほしいということであった。

韓国のソフトボール事情

　第1日目の夕方，仁川国際空港に到着。バスにて宿泊先であるソウルオリンピックパークホテルに向かう。ソウル中心部の渋滞により夜7時過ぎにホテル着。早速，徐先生・尹先生が出迎えてくれ，池暎培先生と初めてお会いする。池先生の名刺には，「塩

光高等学校芸体能教育部ソフトボール部長」と記されてあった。

　交流試合は，塩光高等学校女子チーム，尚志大学女子チーム，ソウル市内の社会人男子チームを予定しているとのことであった。そして，池先生は，韓国のレベルはまだまだ低いけれども，今回の交流試合をとても楽しみにしているとおっしゃってくださった。

　この日の通訳付きの会話の中で，私が理解できたことは，現在，韓国には，大学女子チームが8チーム，高校女子チームが8チーム，中学女子チームが3チーム，そして，社会人男子チームがソウル近郊だけで約30チームあるということであった。この男子チームは，かつて日本の男子チームと試合をしたことがあるという。これまで，韓国では男子ソフトボールはほとんど普及していないという先入観念をもっていた私には大きな驚きであった。そして，どの程度のレベルのチームが目の前に現れるか楽しみであった。

　一方，中学・高校・大学の女子チームは，そのすべてがエリートスポーツとしてのソフトボールチームであるとのことであった。選手強化を目的に，監督・コーチが用意され（学校が雇用している），選手は授業料免除等の特典が与えられ，ナショナルチームの強化を目的につくられているチームであるという。

日韓交流試合

　雨のために若干のスケジュール変更はあったけれども，日韓交流試合は予定通り進められた。最初の交流試合の前日，私は1人で塩光高等学校まで電車とタクシーで下見に出かけた。そして，正門を入ってまず驚いたことは，グラウンドに外野フェンスがしっかり設置（女子用）されていたことである。また，ソフトボール部の専用倉庫があり，見事に整理整頓されていたことも驚きで

あった。

　そして，池先生から聞かされたことは，9月2日（火）から「日韓ジュニアスポーツ交流事業」の一環として開催される，ジュニア女子の第3回日韓ソフトボール交流試合が，この塩光高等学校で行われるとのことであった。この試合日程は事前にわかっていたけれども，同じ会場で行われるとはこの時まで知らなかったのである。韓国の友人のご支援によって可能となったまさに体当たりの日韓ソフトボール交流であった。

　試合は，全勝であった。しかし，尚志大学女子ソフトボールチームは，韓国ナショナルチームに9名の選手を送っている素晴らしいチームであった。当部の部員にとっては，絶対に負けられない女子チームとの試合であった。韓国ソフトボール史に残る『大学男子チームの敗戦』となってしまうからである。外野フェンスを男子用にした雨中での第2試合は，柵越えホームラン1本による1対0という好試合であった。このプレッシャーから開放された翌日の社会人男子チームとの試合は，ウインドミルの好投手が相手であったけれども，すべて大勝であった。

尚志大学からの要望

　尚志大学体育学部教授（ソフトボール部部長）であり，韓国ソフトボール協会副会長でもある崔明秀先生は，今回の本学の遠征にたいへん興味をもってくださった。そして，大学のバスで2時間かけて帰るところを，逆方向の私たちのホテルまで送ってくださるというお心遣いもいただいた。試合終了後は，缶ビールとピザで親睦パーティーを楽しんだけれども，その後の車中での日韓学生交流会は，なんともにぎやかであった。なお，当部の主将が

パーティーの結びに韓国側に贈ったエールは大好評であった。

　崔教授は，初めて会ったばかりの私に対して，今後，大学女子チームの交流・親睦試合を日韓で定期的な開催できないかと強く要望された。最初は，両国から2～3チームずつ出しあって，優勝杯をかけたリーグ戦をスタートさせたいとのことであった。日程も土・日ではなく，大学が休暇中でない平日であれば，韓国の多数の一般学生が試合を観戦できるとのことであった。韓国の大学は，3月・9月に前期・後期の授業が開始されることから，3月または9月でスケジュールを調整すれば，エキサイティングな企画になるのではないかと思う。

［付記：女子ソフトボールがオリンピック競技から除外されてから，韓国の女子ソフトボールは低迷している。否，アジアの女子ソフトボールが低迷しているというのが正しい。このことについては，世界の中でもアメリカに勝るとも劣らない競技人口を有するわが国が手を差し伸べるべきであると考えさせられている。そして，今，「日韓大学女子ソフトボール交流試合」の定期開催について検討中である。］

2−11 ISF 国際コーチカレッジコース参加記

ISF 国際コーチカレッジコースとは

　2005年12月14日（水）から20日（火）まで，私は，財団法人日本ソフトボール協会（以下，日ソ協）の派遣により，マレーシアのクアラルンプールで開催された，『ISF（国際ソフトボール連盟）国際コーチカレッジコース』に参加させていただいた。

　このコースは，ISF がアメリカのファーストピッチ・コーチ協会（NFCA = National Fastpitch Coaches Association）とパートナーシップを結び，2005年度には世界の3ヵ所（フロリダ・チェコ・マレーシア）で実施したものである。ISF 主催の世界選手権大会やオリンピック等の上級コーチ（ナショナルチームの指導者）を養成をすることを目的として，各会場45名の定員であった（クアラルンプールでは12ヵ国から47名）。なお，NFCA とは，アメリカの大学や高校の指導者を中心に構成されている会員数約4000名の協会である。

　今回，私が参加したアジア・パシフィック地区のカレッジコースには，講師として，NFCA の創設メンバーであり，前会長でもあるリンダ・ウォーレス氏と大学チームのヘッドコーチ，ジョン・ツチダ氏が派遣された。そして，受講生の内訳は，オーストラリア2名，ニュージーランド2名，台湾3名，グアム1名，香港2名，インドネシア3名，イラン2名，フィリピン6名，シンガポール4名，タイ3名，マレーシア18名，日本1名であった。

魅力的な講義スタイル

さて，アジア・パシフィック地区のカレッジコースは，12月15日（木）から19日（月）までの5日間，クアラルンプールのオリンピックホテル（隣接したビルにはマレーシアオリンピック委員会の事務局がある）の会議室で行われた。

講義内容は，攻撃の戦術・戦法論15時間，守備の戦術・戦法論10時間，打撃論5時間，練習論5時間の合計35時間（試合時間1.5時間を含む）である。周到に準備されたこのカレッジのためのテキストは500ページにも及ぶ立派なものであった。

テキストの内容がスライドに映し出され，このスライド画面が動画になったり，ビデオが映し出されたりと，受講生が退屈しないように工夫が凝らされている。リンダ，ジョン両先生は，その画面の前に立ち，約1時間から2時間ずつ，役割分担しながらたいへん情熱的に語られた。そして，時折，空いたスペースを利用しての実技のデモンストレーションは，バッティング・ピッチングともに，とても素晴らしく見事であった。

講義内容で特に印象に残ったことは，攻撃の戦術・戦法論において，ソフトボールのゲーム構造が，パワーゲーム（強打による攻撃の戦法）・ランニングゲーム（走力・走塁力を絡めた攻撃の戦法）・ショートゲーム（バント・プッシュ・スラップ等による攻撃の戦法）の3種類に分けて説明されたことである。

これは，ソフトボールのゲーム構造が，基本的にはこの3種類の攻撃戦法から成っており，チーム構成員の持つ特性に応じて，その組み合わせ方が多数あることを意味している。

講義のなかでは，この3種類について，その長所や短所が具体

的に提示され，それぞれについて丁寧に解説された。ソフトボール大国であるわが国の指導者にとっては，当たり前の内容であるかも知れないが，自分の頭のなかで整理して考えることができ，私にとってはたいへん有意義なものあった。当然のことであるが，この攻撃の戦術・戦法論に対応する形で，守備の戦術・戦法論が語られることになる。

　また，『戦術（レベル）を考えよう』という実習的な講義も楽しかった。ここでは，塁上の走者・アウトカウント・ボールカウントを提示。その上に，バント・スチール・ヒット＆ラン・スクイズ・スラップ等々の戦術が示され，各自に「そうする＝Y（イエス）」「たぶんそうする＝M（メイビー）」「そうしない＝N（ノー）」を選択させ，その理由を説明させるのである。この場合，得点やイニングの状況も加味しなければならないことから，戦術を机上で語ることのむずかしさを改めて教えられた。

　いずれにしても，NFCAにおいては，選手の発育発達や競技レベルにおける技術・戦術の指導内容・方法が真剣に議論されて，協会のガイドブックとして整理されていることがよく理解できた。素晴らしいことであると思う。

大きな勘違い

　ところで，日本からクアラルンプールに出発するに際し，私は，旅行カバンのなかにグラブ・シューズ・ユニフォーム等々，実技に必要なものをしっかり詰め込んだ。他の受講生も皆同様であったと思う。このコーチカレッジが，実技を含まない講義だけからなるとは，まったく想像できなかったからである。分厚いテキストを用いて，35時間もひたすら講師が情熱的に語り続けるとは，

私には到底信じられなかった。しかし、この勘違いは、ソフトボールがこのように講義できるものであることを、改めて教えてくれたのである。現場の指導者を中心とした組織NFCAの魅力であると思う。

　余談ではあるが、私は千葉県ソフトボール協会の指導者委員長、また、財団法人日本ソフトボール協会指導者委員会副委員長として、ここ数年間、ソフトボールの指導者養成講習会のプログラムの作成や運営事務局を担当している。この公認指導者養成講習会運営に関わってから、これからはソフトボールを講義できる人材の確保と養成がとても大切であることを実感してきた。それ故に、講義だけの35時間は、私にとってはたいへん意味深いものであった。そして、「もっともっと学習しなければ」と自らを鼓舞させられた。

英語に悪戦苦闘

　ところで、現地での英語について、私はひたすら流暢な英語で進められる講義に終始悪戦苦闘していた。しかし、スライド画面と同様のテキストが用意されていたが故に、何を話しているのかについては、おおむね理解することができた。現地で知り合った友人にも助けてもらった。特に、香港ソフトボール協会会長・ウィリー氏には、私の隣の席に座ってもらい、わかりやすい英語でそのポイントを説明していただいた。

　受講生の半数以上は、英語をよく聞き取ることができ、講師陣とディスカッションできるレベルであった。皆とても楽しそうであった。そのような講義時の反動もあって、私は、講義の合間や終了後には、アジア・パシフィック地区の仲間たちと一緒に食事

をし，積極的に多数の"球友"を得ることに努力した。近い将来，チームを伴って遠征し，ソフトボール交流したいと考えたからである。

現地の運営事務局への感謝

開催国のマレーシアソフトボール協会の会長であり，アジアソフトボール連盟（SCA）の事務総長であるロー・ベンチョー女史（現在，ISF副会長）を中心とした運営スタッフのホスピタリティもみごとであった。滞在中，ウェルカムパーティー，マレーシアオリンピックパーティー（ベンチョー女史はオリンピック委員会の副会長），そして，世界で4番目に高いタワーの展望レストランでのさよならパーティーにご招待いただいた。

さよならパーティーは大いに盛り上がった。ギターの伴奏でクリスマスソングをみんなで合唱した。各テーブルに移動をして，いろいろなグループでの写真撮影が行われた。5日間，同じ時間と空間を共有したソフトボール仲間は，アジア，否，世界を結ぶ球友となったのである。運営事務局関係者に心から感謝を申し上げておきたい。

国際交流の課題

これまでに，いつも短い旅ではあったが，アメリカ・ヨーロッパ（イギリス・ドイツ・オーストリア）・韓国へと，ソフトボール指導やチーム遠征に出かけた。学会の交流を含めると20数回に及ぶ。そして，帰路の機内でいつも考えさせられてきたことは，特に，わが国の若者たちに，スポーツを通して国際交流のチャンスを提供することの大切さについてである。まだ4回ではあるが，

本学の部員とともにハワイ・ウィーン・ソウル（2回）へもソフトボール遠征した。とても貴重な経験であった。

　帰国後の日ソ協への出張報告書のなかには，次のように記させていただいた。「身にしみて考えさせられたことは，日本のソフトボール指導者がもっと英語に触れ，英語に慣れ，国際社会の中で貢献できたらということでした。そのための提案（一例）として，青年期から積極的にその刺激を与えるためにも，1～3年間の期間，海外でソフトボール指導に携わるようなプログラムを協会としても検討したらどうかと思います」である。

　今，国際ソフトボール社会の中で，日本は大きな期待を寄せられ，重責を担っていることは周知の事実である。今回，各国のメンバーが私に寄せてくださった和やかなまなざしは，何よりそのことを証明していると思う。私たちは行動しなければならないと思う。

第3章　ソフトボール指導者の"言葉掛け"

3-1　ほめ言葉サンドイッチ

🥎 ベースボール型＝ソフトボールが必修種目に

　文部科学省は，子どもたちの「生きる力＝確かな学力，豊かな心，健やかな体」を育むために，学習指導要領を改訂した。そして，新学習指導要領では，小学校5・6年生では，ソフトボールが中心教材として扱われるようになり，また，中学校1・2年生では，球技「ベースボール型＝ソフトボール」が必修種目になった。小学校は2011年度（平成23年度）から，中学校は2012年度（平成24年度）から施行されることになる。

　このように，ソフトボール競技入門期の児童・生徒に対して，ソフトボールの魅力を伝えるビックチャンスが到来している。そこで，特に，入門期の子どもたちがソフトボールを安全に楽しくプレーし，技能向上を図るために，指導者は，どのような"言葉掛け"を用意したらよいのかについて考えてみたい。

　このことは，全国大会を目指しているチームにおける基本技術指導における"言葉掛け"とも相通じるものがあるはずである。

🥎 "言葉掛け"を研究しよう

　ソフトボール入門期の子どもたちがキャッチボールを始める場面で，指導者が，「もっとしっかり捕れよ」「なにやってんだ」「何度言ったらわかるんだ」「おまえはヘタだな」などという否定的

な言葉ばかり投げ掛けていたらどうなるだろうか。さらに，ベンチでふんぞり返り，どなってばかりいたらどうなるだろうか。その子どもたちの上達は速いだろうか。彼らは楽しいだろうか。

　当然，「否」と言わなければならない。これは，全国大会を目指すチームの基本中の基本である，キャッチボールでも同じことである。

　指導者は，一人ひとりの子どもたちをいろいろな角度からしっかり"観察"することが必要である。勿論，彼らの内面の"観察"も含まれる。理由は，指導者には，子どもたちが「ソフトボールが楽しい」「もっと練習して上手になりたい」と思わせるような"言葉掛け"が大切だからである。"観察眼"を磨くことは，"言葉掛け"を磨くことにつながるのである。

ほめ言葉サンドイッチ

　指導者に大切なことは，練習をしっかり観察し，"ほめ言葉サンドイッチ"をつくることである。基本技術は，反復練習によって身に付けることができる。しかし，同じことの繰り返し（単調な練習）を，高い集中力を持って持続させるのはむずかしいことである。

　そこで，指導者は技術や心構えなどを，一つひとつ"ほめ言葉"ではさみ，美味しいサンドイッチにして与えることが大切である。

　例えば，「いい構えしてるぞ」「グラブを三角形の頂点に」「フットワークがいいね」のサンドイッチ。あるいは「いい目つきだね」「キャッチャーをよく見て」「ナイスボール」「ナイススロー」「ナイスフォーム」のサンドイッチなど。

　子どもたちに限らず，肯定的な言葉掛けは，選手のやる気と元

気を育てるであろう。勿論，言葉掛けの間合いや抑揚についても大いに工夫して，雰囲気を盛り上げたいものである。

ミスした後のフォロー

　一方，子どもたちがミスした後の言葉掛けも大切である。「ちょっと足が動かなかったかな。足でボール捕りにいこうか」「ミスした後のボールの追い方は超一流だね」「お母さんに叱られたことを考えてたんじゃないのかな。ボールに集中しよう」など。さりげなく激励の言葉にして投げ掛ける工夫をしたいものである。

　このように指導者の言葉掛けについて，ちょっと立ち止まって，考えてみることが必要であると思う。

3−2 危険を防止する言葉

🥎 ソフトボールは危険なスポーツ

「危なーい！」「危ねえぞ！」「ボール行ったぞ！」等々。

これらは、私のソフトボール人生の中で、最も多く使った言葉かも知れない。

打球がベンチ方向へ飛ぶ。送球ミスしたボールがボールデッドラインから出てしまう。ファウルボールがグラウンド外へ出てしまう。このような時には、グラウンドの内外にいる人たちに注意を促すために、誰かれとなく大きな声を発する。そのひと声が『危険防止』につながるからである。

私たちは、"ソフトボールは危険なスポーツ"であることを常に自覚しなければならない。そして、特に指導者は、どういう時に、どんな危険があるのかについて、しっかり理解しておきたいものである。いくつかの例を挙げてみたいと思う。

（1） 打球が守備者や周囲にいる人に当たる（ピッチャー返しの打球やファールボールは特に危険）
（2） 送球が悪送球となって人に当たる。
（3） 打者の投げたバットが捕手に当たる。
（4） 塁上の接触プレーで負傷する。
（5） ボールを捕りにいった二人が衝突する。

この他にも、ボールを捕りそこなったり、転んだりと、様々な傷害事故がある。

第3章　ソフトボール指導者の"言葉掛け"　129

注意を促す言葉掛け

こういった危険に対して，私たちはどのような対応をしていくべきだろうか。

その対応の原点は，『言葉掛けで注意を促す』ことだと思われる。「打球（送球）に気をつけて」「ピッチャー返しあるよ」「バット投げないで」「スライディングしっかり」「オーライ！　まかせた！を忘れないで」などである。

指導者がしっかりしているチームほど，このような言葉掛けは当たり前のこととして，徹底されているのではないだろうか。なぜなら，安全に，よりよいパフォーマンスを発揮し，強いチームづくりをするために，これらは不可欠な言葉だからである。

ボールから目を離させない

この春休み，私は監督として可能な限りグラウンドに出た。その途中では，ユニフォーム姿でバットをかついだ子どもたちが，自転車に乗って練習に行く光景がよく見られた。勿論，指導者も一緒である。

さて，この1日の練習が事故なく無事終了するために，指導者が折にふれて掛け続けている言葉が，「ボールから目を離すな」ではないだろうか。

私はこれを，危険から身を守る（守らせる）『魔法の言葉』であると思っている。そのため，何回でも使ってもいいと考えている。

ソフトボールは広いグラウンドで行うスポーツである。それ故に，「ボールから目を離さない」ことを周知徹底できれば，ボー

ルによる思いがけない大きな事故はほとんどなくなると思われる。

　冷たい風のグラウンドで，ベンチに座った女子マネージャーがからだを丸めて下を向いている近くをキャッチボールミスのボールが転がっていった。

　このような場面は，決して珍しくはないのであるから，その瞬間に「ボール行ったぞ」と言葉掛けする。危険を強く意識づけるためである。試合中のスコアラー，少年ソフトボールのベンチ周辺にいる子どもたちに対しても同様である。

　この言葉に，さらに「危なーい！」「ボール行ったぞ！」「ボールから目を離すな！」などが加われば，『危険なスポーツ』は『楽しいスポーツ』に変身する。

3-3 競技場づくり

競技場づくりの基本

ソフトボールをプレーするためには、安全な競技場をつくらなければならない。

日本ソフトボール協会の『オフィシャルルール』には、「競技場は平坦で、障害物のない地域」（ルール2-1項）と明記されている。

はずんだボールを扱うソフトボールは、グラウンド整備を丁寧に行い、小石などの障害物を取り除いておくことが大切である。それは、危険防止にもつながるからである。

その上で、競技場を画定する諸ラインを引かなければならない。諸ラインの幅は、7.62センチメートルと決まっている。

長い間、私がソフトボール授業で引いてきたラインは、以下の通りで、公式試合で引くラインとほぼ同様である。

① ファールライン
② バッターズボックスのライン
③ 投手板・塁間を示すライン
④ 次打者席のサークル
⑤ コーチズボックスのライン
⑥ ボールデッドライン（プレーイングフィールド境界線）

ラインはまっすぐに引く

このライン引きは、実は簡単なことではない。以前、受講生に任せたことがあるが、真っすぐに引くことはなかなかできないの

である。以来，私が引き続けている。特に，ファールライン上はフェア地域であるから，紐（またはメジャー）を2人で引っ張って，その紐の内側に丁寧にラインを引かなければならない。

　風が強い日は，メジャーだと曲線になってしまう。故に，細い紐が便利である。当たり前のことであるが，真っすぐ引かれたファールラインは，試合を引き締めてくれる。

　さて，"言葉掛け"であるが，私がソフトボール部の練習や試合の準備でいつも言い続けていることは，「ラインは丁寧に真っすぐ引こう」である。しかし，なかなかうまくできない。そこで，チーム内でライン引きの申し合わせ事項を決めた。入部してからの約1年間は，ベンチ前のボールデッドラインを引く練習である。2年生になる直前の春練習からファールラインなどのその他のラインを引くことになる。すなわち，約1年間，ラインをまっすぐ引く練習が課せられていることになる。

練習でもボールデッドラインを引こう

　これまでにいろいろなチームの練習光景を見てきて，一つ気になることがある。それは，ボールデッドラインを引かずに練習していることである。このようなチームは，ファールラインなどもあまり丁寧に引いていないように思う。

　指導者養成講習会などでも，『基礎理論：指導者の在り方』の講義では，「練習でもプレーイングフィールドの境界線を引きましょう」と必ず呼び掛けることにしている。

　このボールデッドラインは，安全かつ高い集中力をもってプレーするために不可欠なラインである。文字通り，このラインの中でプレーしなければならない『境界線』だからである。

ライン際のフライ捕球については，野手の足が境界線内またはライン上にあれば「アウト」。また，ジャンプして捕球する場合には，体の大部分が競技場内にあれば「アウト」になる。ラインの外は競技場外となり，フライを捕球してもファールボールである。

　攻守交代に特色があるソフトボール競技では，このラインをまたいでプレーイングフィールドに入るたびに気持ちを切り替えることが大切である。そして，ファールラインをまたいでフェア地域に入り守備位置についた瞬間に『さあ，守るぞ！』と気持ちを切り替えることが大切である。

　明日からでも，「ラインは丁寧に真っすぐ引こう」と声を掛け合いたいものである。真っすぐ引かれているラインが，競技に臨む選手の"めりはり"をつくるのである。

3−4　ウォーミングアップ

ウォーミングアップの基本

ウォーミングアップ（準備運動）の目的は，一般的に次のように言われている。

① 体温の上昇：軽度の全身運動によって体温（血液や筋肉の温度）を上昇させる。

② 身体可動域の増大：身体各関節部の可動域（柔軟性）を広める。

③ 精神や情緒のコントロール：スポーツ活動は，精神や情緒のあり方に大きな影響を受けるので，これらをコントロールする。

（日本体育協会監修「最新スポーツ大辞典」，大修館書店，1987年参照）

私は，毎年，4月にスタートする体育実技の授業では，ストレッチングなどを指導しながら，次の二つの言葉を繰り返し投げ掛けるようにしている。

一つは，「自分の体は自分で守ろう」である。もう一つは，「今から始めるスポーツ活動のために使う（日常生活であまり使わない）筋肉や関節をしっかり曲げ伸ばししよう」である。

自分の体は自分で守ろう

体育教師として，目の前の学生諸君や子どもたちに最も伝えたい言葉は，「自分の体は自分で守ろう」である。その理由は，健康管理や安全管理の基本は，やはり自分自身にあると考えるからである。

体育授業や部活動だからウォーミングアップをするのではなく，日常生活であまり使わない筋肉や関節を使って行うスポーツ活動に取り組むときには，いつでも自立的，自律的にウォーミングアップする習慣を身につけることが大切である。もちろん，終了後はクーリングダウン（整理運動）を行うことも大切である。

　したがって，チームやグループで行うウォーミングアップでは，その内容や方法を工夫し，みんなが納得でき，やる気が出るように質を高め，その意義を伝えることが大切である。そして，誰かに無理やりやらされる『指示待ちウォーミングアップ』ではなく，「自分の体を自分で守っている」と自覚できるようなウォーミングアップにしたいものである。

可能な限りベスト・コンディションで集まろう

　私たちのチームでは，毎年試験期間を終えた2月半ばから，いよいよ全国大会（インカレ）出場を目指した春休みの練習に入る。

　この第一日目に必ず部員に投げ掛ける言葉が，『いつも，可能な限り，ベスト・コンディションで集まろう』である。

　1日中練習できるこの時期に，より有意義で効率的かつ厳しい練習をするために大切なことは，部員一人ひとりが，ベスト・パフォーマンスを発揮できる体（ベスト・コンディション）でグラウンドに参集することである。睡眠不足や体調不良にならないように，練習日に向けて健康管理する習慣を全部員が持てるようになりたいものである。

　これは，週1回の体育実技の授業でも同様である。レポート提出などの課題は余裕を持って済ませ，授業前日は十分に睡眠をとって気分爽快で授業に臨むようにと言い続けている。

しかし，部活動や授業でそう言い続けていても，自立的によくできる人物とそうでない人物がいる。前者は，「無遅刻無欠席当たり前」を身にしみ込ませており，仲間たちの信頼を得て，素晴らしい人生を切り開くように思われる。では，後者はどうだろうか。仲間たちの信頼を得られるであろうか。

　最後に，最も大切なことは，この「無遅刻無欠席当たり前」あるいは「約束厳守」をチーム練習や授業において周知徹底を図るためには，指導者自身が実践し続けることである。すべてのリーダーシップは，やはり"率先垂範"から始まるのだと思う。

3-5 キャッチボール

🖊 キャッチボールはベースボール型の基本中の基本

　つい最近のことであるが，自宅近くにある公園に，「キャッチボール等のボール遊び禁止」という看板が掲げられた。話にはよく聞いていたが，自分の身近なところでいざ目の当たりにすると，『ちょっと，待って！』と叫びたくなる。

　現在，わが国には高校が5,116校（文部科学省「平成22年度学校基本調査」参照）ある。そのうち4,100校を超える学校が，夏の甲子園・地区予選大会に出場する。ちなみに，ここ数年の日本ソフトボール協会への高校女子チームの登録数は約1,500，男子は300余チームである。

　このように，わが国ではボールを捕って，投げ，また打って楽しむベースボール型スポーツがとても盛んである。それ故に，2012年度から中学校1・2年生の体育授業で必修になったと言っても過言ではない。いわば，わが国の青少年が"一度は通らなければならない道"としてベースボール型がしっかり位置づけられたのである。

　しかし，一方で，親子や子ども同士で手軽にキャッチボールを楽しむ"ベースボール環境"がどんどん少なくなっている。野球やソフトボールに関わっている私たちは，この危機的状況をどうにかして救わなければならない。

　その理由は，キャッチボールは，ベースボール型スポーツの基本中の基本だからである。ボールを捕って，ボールを投げる，この繰り返しが"おもしろさ"を生み，友情をも育むのである。ボ

ール1個あれば狭い場所でも楽しめるこの"キャッチボール"を日常的に楽しむ環境づくりに取り組みたいものである。

キャッチボール・スキルを高めよう

　キャッチボールは，とにかくたくさんボールを捕り，投げることで上達する。脳の発育が大人水準の90%にまで達すると言われている幼児期から学童期にかけては，この反復練習を楽しく繰り返すことでスキルを高めることができる。

　私は，部活動でも体育実技授業でも，このキャッチボールの反復練習にこだわってきた。例えば，2分間（1分間・30秒間）キャッチボールと称して，5〜7メートルの距離で2人で向かい合い，そのキャッチボール数を競わせる（キャッチボール・コンテストと命名）。ボールをキャッチした数を2人で声を合わせて数えるだけで，場の雰囲気は大いに盛り上がるのである。部員同士では2分間に120回，授業の受講生は70〜90回程度です。勿論，数名でチームをつくり，ローテーションしながらの，チーム対抗戦も可能である。みなさんも，ぜひトライしてほしい。

しっかり構えよう！的をしっかりつくろう！

　では，キャッチボールで大切な指導者の言葉掛けは何だろうか。「体の正面で捕球しよう」「グラブの芯でいい音をさせて捕球しよう」「たまごをつかむように！」「軸足を決めて投げる方向へしっかりステップしよう」など，いろいろある。

　しかし，初級者・上級者を問わず最も大切にしたいことは，グラブを体の正面に出して構え，投げる的を相手示すことであると思う。こうすると，相手は集中力が高まりより丁寧に投げようと

する。また，捕球の精度は高まり，捕球後の送球も滑らかになる。

　そこで，「しっかり構えよう！」「的をしっかりつくろう！」というような言葉掛けがキーポイントである。実際，上級者のキャッチボールにおいても，短い距離で投げ合っているときは，体全体が的であるかのごとく，グラブを体の正面に出して的をつくることをしない選手がいる。相手が投げる寸前に的をつくるパターンである。みなさんもよく観察してみていただきたい。どのような構えが正確で素早いキャッチボールをつくり出すであろうか。

　何事も簡単に見えることが実は簡単ではない。キーワードは“相手がより投げやすい構えの姿勢をつくる”ことである。

3-6　キャッチボール・コミュニケーション

🎽「お願いします」「ありがとうございました」

　長年，体育授業や部活動でソフトボールに関わってきて，私が，最も興味深く考えさせられてきたことがある。それは，『キャッチボールには，人物を上等にする原点がある』ということである。

　言うまでもなく，キャッチボールは，ベースボール型スポーツの基本中の基本である。そして，相手がいることによって成立する。その相手とたくさんボールを投げ合うことによって技術は向上する。したがって，そこにはたくさん投げ合うためのよりよい人間関係（キャッチボール・コミュニケーション）が成立していなければならない。

　子どもたちの野球・ソフトボールの練習光景では，その原点の指導が徹底されているように思う。相手に対して，「お願いします」「ありがとうございました」が自然に発せられるようになるまで，指導者の挨拶励行に関する様々な言葉掛けが続くからである。

🎽 キャッチボールもピンからキリまで

　子どもたちが成長して中学生・高校生・大学生になる。この成長に伴って，キャッチボール・コミュニケーションのレベルは向上しているのだろうか。その答えは，「ピンからキリまである」である。

　その理由は，指導者が「心を込めて投げよう」「心を込めて構えよう」という言葉掛けをし続けても，その『心の込め方』がピ

ンからキリまであるからである。そして、『心の込め方』が上等になると、お互いが発する言葉が変化している。

例えば、「ナイスボール」「ドンマイ」「ごめん」「すまん」などの言葉が、投げられたボール、投げたボールに対して発せられる。しかし、同じ言葉を発していても、『心の込め方』の程度によって、ミスしたボールに対する相手の追い方にも違いが現れる。素早く反応し、ダッシュでボールを追う選手、その逆の選手など、いろいろである。

ボールがそれたら『ごめん』と言おう

キャッチボールが上達するための指導者の大切な言葉掛け、それは、「ボールがそれたら『ごめん』と言おう」である。

例えば、三塁手がボールを一塁に送球して、ちょっとボールがそれたが『アウト』であった。その瞬間、三塁手は一塁手に向かってグラブを頭のところまで上げながら『ごめん』とあやまるしぐさをしている。

一方、三塁手の一塁への送球が大きくそれて悪送球になったとする。一塁手は思いっ切り伸びて捕ろうとしたが、ボールはボールデットラインを越えた。勿論『セーフ』となり打者走者は二塁まで行った。この瞬間、その三塁手は一塁手に向かって、「それくらい捕ってくれよ」と叫んで、ミスを相手のせいにしているのである。

このようなプレーを長い間観察してきて、はっきりとわかったことがある。投げたボールがそれたときに素直に『ごめん』と言える選手は、普段のキャッチボールのときから、誰に対しても自然に『ごめん』の一言やしぐさが出ている、ということである。

そして，その逆の選手は，普段の練習でも雑なキャッチボールをしているのである。

　強いチームには，自分の投げたボールがそれたら，自分のミスだと瞬時に認め（自分がその責任をかぶる），相手に対して素直に詫びることができる選手が多いと，私は確信している。キャッチボールをしっかりと観察し，キャッチボール・コミュニケーションを向上させる言葉掛けを工夫したいものである。

3−7　美しい構え

美しい構えの姿勢

　ソフトボールの醍醐味は，"構えの姿勢"にある。投手がセットポジションを取り，捕手がミットを差し出して『ここに投げてこい』と構える。その瞬間，すべての野手は，腰を落とし，投手の投げるボールに集中して構える。

　ソフトボールの試合は，この一瞬の構えの姿勢の繰り返しによって成立している。私はこの"美しい景色"が大好きである。

　投手がボールを投げる瞬間に，全野手の構えの姿勢が美しく調和がとれているチームほど，守備が堅いと思う。それは，打者に打たれたボールに対して，すべての野手が状況に応じた，連動した動きを素早く取ることができるからである。

素早く動ける構え

　守備練習の基本の一つにノックがある。ノッカーに対して，守備の構えができた野手が，「お願いします」などと声を掛けて，打球を待つ。このときの指導者（ノッカー）の言葉掛けは，何だろうか。

　それは，「ボールが見やすく，素早く動きやすい構えの姿勢をつくろう」である。一球のボールに集中してよく見て瞬時に素早く動くことが守備の基本中の基本だからである。

　そのためには，おしりを出っ張らせないように膝を曲げて腰を落とし，両足のつま先と膝の位置が同じラインになるように構える。こうすると，目の前の視野（ビジョン）が広くなり，前後左

右どちらの方向にも素早く動きやすくなる。

　また，グラブを両足を結んだ線を底辺とする三角形の頂点にすると，グラブを下から上に使うことも容易になる。

　反対に，おしりが出っ張ってしまうと視野は狭くなる。さらに，グラブを上から地面に下ろすようになるので，トンネルの原因となる。また，おしりを下ろしすぎてしまうと，かかとに体重が乗りすぎて前後左右に素早く動きにくくなる。

パワーポジションをつくろう

　数日前，本学が主催する「第32回運河地区少年野球大会」が開催され，ソフトボール部員が審判員等の大会運営に当たった。

　今年（平成22年）からは，ご縁あって社団法人日本プロ野球選手会が後援団体になってくださり，元プロ野球選手3名による『ベースボール・クリニック』を行うことができた。

　このクリニックでは，元ロッテオリオンズ（当時）の遊撃手，一昨年まで北海道日本ハムファイターズ二軍監督を務められた水上善雄先生の講話を伺った。

　特に印象に残ったのは，守備者の構えの姿勢についてであった。水上先生は，「ボールが見やすく，素早く動きやすい構えの姿勢」のことを『パワーポジション』と表現された。膝を軽く曲げて構えたとき，肩・膝・つま先が同じライン上にあって，かかと体重・つま先体重になりすぎないようにバランスよく構えることの大切さを強調された。50歳を越えられた水上先生の体の柔らかさ，そして，素早い捕球・送球動作にもびっくりした。

　当たり前のことだが，キャッチボールの基本中の基本は，相手が投げやすいように構えの姿勢をつくること，向かってくるあら

ゆるボールに対応できる構えの姿勢をつくることである。『パワーポジション』とは，なかなかいい言葉である。

　私も，これからはまず『パワーポジション』の説明をし，「ボールを見やすく，素早く動きやすい構えの姿勢をつくろう」という言葉掛けをする際には，「さあ！　パワーポジションをつくろう！」を使っていきたいと思う。

3-8 素振り

素振りとは

　素振りは，打撃力向上のための基本中の基本の練習である。素振りは，何のために行うのだろうか。「よりよいバッティングフォームをつくるため」「バットスイングのための筋力を鍛えるため」「実際の試合でボールをしっかり打つため」。いずれも正解である。

　甲子園の高校野球の時期になると，スポーツ新聞などでは，「毎日1000本の素振りをしている」という高校球児が紹介されたりする。本当の話だと思う。

　では，なぜ彼らは1日1000本も素振りを行うのだろうか。それは，野球が大好きで，ボールを遠くへ飛ばしたい，たくさんヒットを打ちたいと心から願っているからだと思う。そして，将来は，大好きな野球を職業として，日本のプロ野球，あるいはメジャーリーグの選手になりたいと真剣に考えているからであると思われる。

　では，なぜ1日1000本の素振りをしなければならないのだろうか。その理由は，野手の守備率は軽く9割を超えていても，打率は4割を超えることは至難のわざだからである。打率を上げ，ホームラン数を伸ばし，チームに大いに貢献するとともにプロ野球選手を人生の目標にする。半端ではない素振りは，そのためのパスポートかもしれない。

　ところで，ソフトボール界においても，野球界と同様に1日1000本の素振りに挑戦したことのある選手は多数いるはずです。ソフトボールが大好きで一流選手になりたいと願っているからで

ある。その努力が短いリーグ戦の期間ではあっても4割，5割を超える打者を誕生させるのだと思う。

単調な練習ほどむずかしい

　素振りを1日にどれほど行うべきかということは，技術レベルや体力差もあり，一概に言えない。1日1000本の素振りを続けることができる体ができていなければ，かえって体を壊してしまうこともある。

　したがって，素振りの基本的な考え方は，本数にこだわらずに，一本の素振りを実戦を想定して高い集中力をもって行うことである。

　ところが，一本のバットさえあれば，いつでも，どこでもできる素振りを，実戦の集中力をもって丁寧に行うことは意外とむずかしいことである。

　投手をイメージして打撃姿勢をとり，投げられたボールをイメージして打球点を確認する。そして，鋭くバットを振り抜く。

　みなさんは，このような練習を自律的に行うことができているだろうか？容易なことではないことは，その努力をした人にはわかっているはずである。単調な練習だけに，たくさん振り込んでいるうちに，つい基本となる要点を忘れてしまうことは多いのである。

「素振り」の言葉掛け

　そこで，指導者は，打者が常に課題意識をもって素振りができるような言葉掛けを考えなければならない。

　「一球一球丁寧に振ろう」「投手を見て，ボールを見てバットを

振ろう」といった言葉の他に,「今,どのコースのボールを打ったのかな?」「今のは,目が早く動いたから空振りじゃないかな!」「今打ったボールは,どこへ飛んでいったんだろう?」など,具体的な問い掛けの『言葉』を用意することも大切である。

　そして,以上のような言葉掛けの延長線上にあって,素振りにおける最も大切な言葉掛けは,「試合では,素振りのスイングでボールを打とう」である。

　すべての素振りは,実戦の中で意味を持つものでなければならない。故に,普段から,頭を動かさず,目は打球点を見続け,左右の肩はほぼ水平に保つ。さらに,腰は早く開かないようにして,コースによる踏み出し足(ステップする足)を確認して,一本一本心を込めて鋭く振らせることが大切である。正しい素振りは,一流選手への第一歩である。

3−9 トスバッティング

🏏 トスバッティングとは

　トスバッティングは、ミートポイント（打球点）を確認しながら、リラックスした打撃姿勢でボールを正しくミートするための大切な練習である。

　通常、ミートポイントは、打者の両肩を結ぶ線が投げられたボールとほぼ平行になっている状態で、インコースは体の中心線より投手寄りで、真ん中のボールは、本塁プレート前縁部あたり、アウトコースのボールは、体の中心線より捕手寄りになる。

　このポイントで、向かってくるボールに対し、バットの角度を90度にしてボールをミート（打球）すると、自然にピッチャー返しを打つことができる。したがって、投手が丁寧にストライクゾーンにボールを投げ、打者が前述のことを意識してしっかりバットコントロールをすれば、トスバッティングは、たった2人でできる極めて効果的な練習になる。

　そして、投手役にとっても、後ろに誰もいない故に、打球を素早く丁寧に捕球する守備の反復練習にもなる。

🏏 トスバッティングを2人でするための言葉掛け

　それでは実際、みなさんのチームではどうだろうか。ピッチャー返しができない打者を想定して、投手の後ろにもう一人の選手を守らせて練習しているチーム。さらには、投手のコントロールの悪さや打者の空振りを想定して、打者の後方にもボールキーパーを置いて練習しているチームもあるのではないだろうか。

上記のように3人，4人で行うトスバッティング練習から，前述したような2人で行う効果的なトスバッティングとするためには，どうしたらよいだろうか。

ここでは，次のような言葉掛けを用意したいと思う。

「投手は，最初はゆるやかなボールでいいので，丁寧にストライクゾーンに投げよう」「打者は，ボールを迎えにいかないで，とにかくボールが向かってくるラインに対してバットの角度は90度でミートしよう」「もしストライクゾーンから大きく外れたボールが来ても90度でミートするようにバットを出そう」である。

私は，この言葉掛けがしっかりできると，トスバッティングは必ず向上すると信じている。特に，『90度』はキーワードである。勿論，必要に応じて指導者がやってみせることも大切であるが，上手な選手に模範を示してもらい，向かってくるボールとバットの角度が90度であるからピッチャー返しになることを，目の前で実践しながら解説することも有効である。

トスバッティングのステップアップ

最初は，投手に腕を振り子のように振る『スタンダード投法』でゆるやかなボールを投げるように言い，打者にはボールを迎えにいかないように留意させる。そして，バッティング時の回転軸がブレないようにすると，容易にピッチャー返しができる。初級者には最適である。

しかし，投球動作時にボールが一瞬隠れてしまう『ウインドミル投法』が全盛の今日では，トスバッティングの投手も『ウインドミル投法』で投げられるように努力させたいものである。

この『ウインドミル投法』の特色である，コントロールもつけ

やすく，ちょっとした速いボールも投げられる『ブラッシング＆リリース』を指導することは，今日では容易なことである。

　そして，上記のことができるようになったら，投手２人と打者が二等辺三角形をつくるようにしてトスバッティングする。左右の２人の投手に対して，打者がボールをコントロールし，正確にピッチャー返しすることは，より実戦的で効果的な練習になる。

3−10　ボールを打つ

🖊 私の体育実技「ソフトボール授業」

　大学体育実技「ソフトボール授業」を担当するようになって35年目に入っている。本学の体育実技は，種目選択制で原則的に同一種目を1年間行うようになっている。

　私のソフトボール授業では，前期はスローピッチ・ソフトボール（投手は山なりのゆるやかなボールを投げることが義務づけられる），後期はファーストピッチ・ソフトボール（速球・変化球を投げることができる）を行う。

　前期に，数時間の基本練習並びにルール・審判法・レクリエーションスコアシートの記入法を学習した後は，ひたすら試合を楽しむことにしている。90分の授業で，スローピッチは7イニング，ファーストピッチは5イニングの試合を楽しむことができる。

　山なりのスローピッチでは，打者がどんどん打ち，しっかり走り，野手もいいリズムでたくさん守備する機会がある。一方，ファーストピッチでは，投手が一人の打者に投げるボール数も多くなるために，試合のテンポが少し遅くなる。

　さて，このスローピッチ・ソフトボールの試合が始まった頃，毎年，よく見られる光景がある。それは，打者が山なりボールを空振りすることである。

🖊 2パターンの空振り

　スローピッチで『空振り』する受講生のパターンは，はっきりと二つに分かれる。

一つは，ベースボール型スポーツの初心者・初級者が，ボールを迎えにいって空振りするパターンである。特に，高目の向かってくるボールに対して，体が伸び上がり，バットで迎えにいってしまうために空振りとなる。

　これは，見る主体（両目）が動いてしまうために，空間でのボールの認知がむずかしくなるからである。また，バットを鋭くスイングするための体の中心線（回転軸）も移動して，ボールにバットを当てにいく感じとなり，力強く打つこともできない。

　もう一つは，ベースボール型スポーツの経験者（上級者）によく見られるパターンである。彼らは自信満々で打席に入り，ホームランを狙って，鋭く振ろうとする。しかし，鋭くスイングしようとすればするほど，ボールを見る目はブレやすくなり，インパクトの瞬間の少し前に，ボールから目が切れてしまうため空振りとなる。

"ボールを打つ"魔法の言葉掛け

　私は，これら二つのパターンの空振りをする受講生に対して，次のような言葉掛けをする。

　「バットスイングはなかなかいいねえ。バットを振った後まで（打球点の）ボールの残像を見るようにしよう！」「ボールを迎えにいくと見る主体（両目）が動いてバットに当たらないよ！」「（上級者に対して）とてもいいスイングしているよ。でも，目が動くのが早過ぎるね，最後まで見続けよう」等である。通常，この言葉掛けでほとんどの受講生は打てるようになる。

　しかし，それでも当たらない場合には，私がバットを持って打席に入り，ミートポイント（打球点）を握りこぶし（ボールに見

立てる)で示す。そして,「このあたりで球を打つんだよ。振った後までボールを見続ける感じだよ。ボール迎えに行かなくても,必ずボールから向かってくるからね。よく見て待っていればいいんだよ。体の軸もブレなくなるから,鋭くスイングできるようになるよ」と言葉掛けする。そして,その通りにやって見せる。

　不思議なことに,一度この感じをつかんでしまうと,ほとんどの受講生は空振りが激減する。そして,初級者でも遠くへ飛ばすことができるようになる。

　全国大会などでも,監督が空振りした打者に向かって「振った後までボールを見ておけ!」「軸がブレたら芯でとらえられないよ!」などと叫んでいる光景を見たことはないだろうか。

　これが"魔法の言葉掛け"である。ぜひ,使ってみてほしい。

3-11 パワーラインをつくろう

毎月１万回以上の『腕回し』

　私は今，毎月１万回以上の『腕回し』を自らに課している。『腕回し』とは，ウインドミル投法の基本モーションのことで，これを反復練習することによって，フォームづくりをしている。

　グラブ・ボールを持っていなくても，そのための時間をつくったり，暇を見つけては，投球腕を回している。勿論，引き手もつけて練習する。

　なぜ，このような反復練習が必要なのか。それはウインドミル投法の基本的なフォームは，日常生活の中にはない動作だからである。それ故に，基本モーションづくりによって正しいフォームを学習しなければならないと考えている。肩や腕の関節や筋肉に正しいフォームを記憶させなければならないのである。

　したがって，このことに気がついた20年以上前から，１日200回などと，容易にできるノルマを決めて，この『腕回し』を自らに義務づけてきた。毎月１万回以上のノルマを義務づけたのは2008年元旦からである。カレンダーに記録し，累積回数も記入している（休む日もある）。今では，１分間に120回以上回すことも，左腕を投球腕として回すことも可能となっている。

　この基本的な訓練を続けていると，手前味噌だが，素晴らしいことが起こる。昨年と今年の夏の強化合宿中に，チームの紅白試合（試合効率を考えて１ボール１ストライクからのゲーム）で２日間に約35イニング以上投げることが合計３回あった。合計約100イニングで，出した四球は２個，死球は３個（すべてチェン

ジアップ）である。

　ところが3回とも，投げた翌日の投球腕の筋肉痛等はほとんどなく，私自身がとても驚いている。ただし，下半身は極度に疲労し，夜中に"けいれん"を起こしたことはある。

パワーラインをつくろう

　毎年の正月，熊野ソフトボールキャンプで，主に小学生のウインドミル投法を指導する。子どもたちが1日中投げ続け，保護者や指導者が捕り続ける光景には，いつも心を洗われている。

　単調な反復練習を飽きることなく続けている姿は，ほんとうに尊いと思う。日本人のパワーを感じる。

　この熊野キャンプで，3年前から受講生に最も多く掛けている言葉が「パワーラインをつくろう」である。『ソフトボール・マガジン誌』（2008年7月号）に掲載されたミッシェル・スミス氏（元・豊田自動織機）の『ピッチングフォームの基本的なメカニズム』から学んだ。素晴らしいピッチング理論である。

　パワーラインとは，"投球ライン"のことである。投球時の軸足から捕手のミット（投げる的）に向かって真っすぐに引かれたライン（一直線上）のことを言う。

パワーラインはなぜ大切か

　「パワーラインをつくること」は，力強いストライド（踏み出し）で投げるために必要である。そして，コントロール良く投げるためにも，とても大切なことである。

　投球腕を体側に，歯ブラシで歯を磨くようなブラッシングで投げるウインドミル投法は，ブラッシング＆リリース（ボールを放

す）のため，コントロールがつけやすい投法である。

　一方，野球の投手は，空間上の点でボールをリリースするため，そのポイントを定めることがむずかしいと言える。故に，セットポジションからのシャドーピッチングを繰り返し行わなければならない。

　ところが，ソフトボールでは，パワーライン上を投球腕がしっかり回施運動し，ライン上にストライドし，そして，ブラッシングの位置が一定になると，力強くコントロールの良いボールが投げられる。パワーライン上を素早く，滑らかに『腕回し』することは，そのためにとても大切なことである。

　みなさん，軸足と捕手のミットを結んだライン上に踏み出し足を置いてパワーラインをつくり，１分間に120回以上の『腕回し』にトライしてみてはどうだろうか。素晴らしい"コントロール"が，あなたを待っているはずである。

3-12　ボールをどう見るか

🏏 1球の判定・裁定が勝敗を決める

　私たちが日々一生懸命練習し，全国大会出場，そして，優勝を目指しているソフトボールは，審判員のたった1球の判定・裁定によって勝敗が決まってしまうことがあるスポーツである。

　ボールカウントは，12通り（0-0，1-0，2-0，3-0，0-1，1-1，2-1，3-1，0-2，1-2，2-2，3-2）ある。この12通りは，球審の1球1球の判定によって時々刻々変化するのである。ご存じの通り，3ボール2ストライクから，球審が「ストライク」をコールすれば三振，「ボール」とコールすれば四球となる。また，打者に当ててしまうと死球である。そこにたくさんのドラマが生まれる。

　また，アウトカウントは，3通り（0・1・2死），塁上の走者の有無による状況は，8通り（走者無し，1塁，2塁，3塁，1・2塁，1・3塁，2・3塁，満塁）である。1つのプレーがあり，それを審判員が「アウト」「セーフ」のどちらかをコールすることによって，攻守の状況もまた時々刻々変化するのである。ここにもドラマが生まれる。

　つまり，審判員の1球の判定・裁定によって，ボールカウント（12通り），アウトカウント（3通り），塁上の走者の状況（8通り）は，288（12×3×8）通りあるいずれかに変化していくことを意味している。

審判員はボールをどのように見ているか

ソフトボール（ベースボール型スポーツ）では，その1球の判定・裁定のために，審判員がボールをどのように見ているかということがとても大切になる。キーワードは，「ボールは目を動かさずに見よう」「ボールをしっかり見続けよう」である。

例えば，「ストライク」「ボール」を一瞬で判定するためには，投げられたボールがどのようなボールであっても，できるだけ目の位置を動かさずに見なければならない。見る主体が上下左右に動いてしまっては，より正しい判定はできないからである。

一方，内外野のプレーの裁定では，審判員は，可能な限りボールと野手の動き，そして，走者の動きを素早くかつ冷静に判断して，どこに動いて裁定するかを決めなければならない。この瞬時の判断ができないと，野手や走者と接触してしまったり，ボールに当たってしまうこともある。裁定ができないばかりか，時には負傷事故を引き起こすこともある。

したがって，審判員は，姿勢を崩さずボールをよく見るために，また，素早く動いてボールをしっかり見続けるために，選手と同じように常日頃から体を鍛えていることが大切となる。

すべてのプレーは見ることから始まる

当たり前のことであるが，すべてのプレーは，まずボールを見ることから始まる。本章の4－7（美しい構え），4－10（ボールを打つ）でも述べたことであるが，ボールを正しくキャッチ＆スローするためには，向かってくるボールや投げる相手を『見る姿勢』が美しくなければならない。

また，ボールを打つためには，見る主体である目がブレてしまっては，バットの芯でボールをしっかりとらえることはできない。

　4－2（危険を防止する言葉）でも述べたことであるが，「ボールから目を離すな！」は，ソフトボール球場を常に安全に保つために最も大切な言葉である。

　そして，「ボールは目を動かさずに見よう」「ボールをしっかり見続けよう」は，選手・審判員がお互いに協力しあって，公平なジャッジと素晴らしいプレーで『ソフトボールの景色』をよくするために，最も大切な言葉である。

第4章　東京理科大学ソフトボール部の挑戦
—"日本一のロマン"を求めて—

4−1　インカレは熱誠をもって戦うお祭りである

熱意と誠意は人心を動かし協力を生む

　1977年（昭和52年）9月に創部した体育局ソフトボール部は，2008年9月，宮城県・東松島インカレ（第43回文部科学大臣杯全日本大学ソフトボール選手権大会）において，通算13回目の出場を果たし，20数回の出場を誇る関西大学・学習院大学をいずれもコールドゲームで退けて，通算3回目となるベスト8に進出した。全国各地から50名を超える大応援団が参集し，念願のベスト4入り，"日本一"をも視野に入った大会であった。しかし，大差で敗退した。

　そして，メンバーがさほど入れ換わらない2009年度は，もう一度"日本一のロマンを求めて"戦う予定であったが，春季リーグでインカレ予選大会（関東学生選手権大会）のシード権（上位4チームに与えられる）を取って臨んだインカレ出場決定試合は，無残な敗戦に終わってしまった。

　チームゲーム，そして，球技で東京理科大学が全国大会へ駒を進めることは，ほんとうにむずかしいことである。監督である私も，そして，部員一人ひとりが改めて考えさせられ苦悩した瞬間でもあった。翌年のインカレ予選までの1年間は，あまりにも長いからである。

さて，2010年，その無念さを晴らすべく，通算14回目の出場を果たして臨んだ富山インカレは，強豪・京都産業大学に1回戦で6回コールドゲームで敗れ，夏の炎天下で一生懸命準備したインカレもあっという間に終わってしまった。

　そのインカレ会場には，本学常務理事・澤芳昭先生，地財専門職大学院教授・馬場錬成先生，そして，父母会である東京理科大学こうよう会会長・船木真左美様を初め，50名を超える，保護者，ソフトボール部OB，こうよう会関係者の皆様が参集してくださった。初戦敗退の悔しさ，辛さはあっても，東松島インカレに続く，"日本一の応援団"に支えられて戦えたことは，望外の喜びであった。

　ここでは，この2年間の軌跡を辿りながら，全日本大学選手権大会（通称：インカレ）において"日本一"に近づきたいと願い，挨拶，時間厳守，約束厳守，使命感・責任感に支えられたチーム運営等々において"日本一"を目指し，勉学とスポーツに真摯な姿勢で取り組む体育局ソフトボール部員たちの"熱誠"の記録と，現在進行形で進めているチームづくりについて記したいと思う。

　私は，「熱意と誠意は人心を動かし協力を生む＝熱誠」という言葉を"座右の銘"としている。若者たちが切磋琢磨してチーム内で相互に高め合う競争を人間観察しながら，彼らの"熱誠"の魅力と迫力を感じている。

『考え方』を変える－1年前の悔しさと辛さ－

　2008年のインカレ・ベスト8を受けて，2009年の宮崎インカレに連続出場するために，部員たちは半端ではない努力をしたと信じている。私も，当部に関わって，おそらく初めての「インカレ

に出場しなければならないプレッシャー」と戦ってきたと自負している。「今年こそ日本一にもっと近づける」と本気で考えていたからである。しかし、結果は無残な「敗北」に終わってしまった。正直なところ、しばらくは「茫然自失」状態であった。そして、「敗軍の将は兵を語らず」という言葉があるが、他者には問いかけることができない『なぜなんだ問答』を続けている自分がいた。

　この昨年の敗退で私がつくづくと考えさせられたことは、「組織は指導者の器量（度量）以上には伸びない」ということである。「監督」を続けるということは、自分自身が「もうワンランク上の努力をし、器量（度量）を上げる覚悟があるか」に尽きるからである。

　そんな自問自答をしていた7月12日（日）、東京都議会議員選挙の日。この日は、その後の日本の政局を大きく変えることになる、長い間勝利し続けた自民党の長老議員氏が民主党の候補になったばかりの若者に敗れた日であった。歴史は、絶えず思いがけない変化をすると思う（否、必然かもしれない）。この日、私は一つの決意をした。自分自身の『考え方』を変えなければならない、という決意である。星霜58年の年輪を刻んだ人間が『考え方』を変えることは容易なことではないことは、わかっているつもりである。しかし、変えなければならないと堅い決意をした。今まで以上の『克己鍛練』をするという決意である。

チャンスは準備している者に与えられる
－高校野球から学ぶ－

　その決意をした数日後、私は神宮球場のバックネット裏で、ほ

ぽ1日中，東京都の甲子園予選2試合をじっと見続けた。4回戦であっても観衆は多く，両チームの応援合戦も素晴らしいものであった。その一つの試合は，かつて甲子園に出場したことのある私立高校が公立高校に敗れた試合であったが，その勝敗の分かれ目は，間違いなく『捕手』にあった。投手の1球1球を丁寧に捕球し，必ず立ちあがってしっかりとしたステップで返球する捕手（主将）と，ほとんど座ったままで返球する捕手（同じく主将）の差であったと確信している。パスボールが勝敗を決めた試合であった。しかし，両チームとも，動きはきびきびしていてとても爽やかであり，高校野球の醍醐味を味わった1日であった。

　チャンスは，やはり一つひとつのプレーや日常生活の基本中の基本を大事にしている者に与えられる，と思う。その基本の積み重ねによってできる人物の器（人間力）が，やはり勝敗を左右するのである。『克己鍛練』を強い意志で継続できる人間の集団をつくらなければ，大事な試合に勝利することはできない，と改めて考えさせられた。そのためには，「誰でもやろうとすればできることをより上等にすること」ができるチームづくりを徹底しなければならないと決意した。

　東京理科大学体育局ソフトボール部は，全国4100校以上もある高校硬式野球部と比較して，その人間力は，チームとしてせめて50校以内に入っているだろうか。そんなことばかりを考え続けた1日であった。プロ野球があり，メジャーリーグがあり，球児たちには大きな夢の舞台が用意されている。故に，高校野球・大学野球部員たち，プロ野球選手の中には，1日1,000本以上の素振りを自らに課し，当たり前のように，強い意志をもってやり続けている選手はたくさんいるのである。

富山インカレへの道

　2010年5月29日（土），私たちは，山梨県笛吹市において開催されたインカレ予選である第18回関東学生ソフトボール選手権大会（関東・北信越大会を含めると通算第30回大会）において準優勝し，創部33年目，通算14回目となる第45回文部科学大臣杯「富山インカレ」への出場を決めた。1・2回戦は，2009年度の悔しさを晴らす2試合連続のコールドゲームであった。

　2009年度，インカレを逃したチームの主将渥美泰樹君（2010年度，助監督）は，富山インカレ出場が決定した瞬間，しばらく涙が止まらなかった。基礎工学部生である彼は，1年生の長万部校舎での全寮制生活を満喫し，伸び伸びと過ごしたといい，2年次から3人の仲間で入部し，その生活は180度変化したと語っている。主将として先頭に立ち，後述する，『克己鍛練主義』を自らが厳しい姿勢で実践し続けたからである。

　さて，現在，全日本大学ソフトボール連盟に登録している男子チームは150余校（女子は約100校）。私たちの関東地区ブロック（東京都を除く・東京都は21校4部制）では，現在，男子は20チームが登録しており，リーグ戦はⅢ部制で戦い，Ⅰ部上位4チームにインカレ予選大会のシード権が与えられ，インカレ予選大会＝関東学生選手権大会でのベスト4入賞チームにインカレ切符が与えられる。このⅠ部リーグに属するほとんどのチームは，推薦入学（特待生含む）制度を有している大学である。決してメジャーとは言えない男子ソフトボールではあっても，東京理科大学がⅠ部で戦う厳しさと楽しさ，そして，むずかしさは，努力を続ける部員一人ひとりが知っている。そして，観衆もそれを理解し，

応援してくれる。春・秋のリーグ戦会場には，大会役員諸氏を初め他チームの保護者を初めとする観衆の中にも「理科大ソフトボール部ファン」は多い。

「克己鍛練主義」のチームづくり

さて，2010年度の当部の登録選手の現状は，大学院生（大学院生も登録できる）2名，4年生4名，3年生（幹部学年）8名，2年生3名，1年生2名，そして，女子マネージャーが3年生1名，2年生3名です。この精鋭23名の日々の努力は半端ではない。当然のごとく春休み中は『ソフトボール漬け』の生活が強いられることになる。そして，通常のチーム全体練習（権利練習A）は，原則として週2回。ただし，空きコマを利用しての権利練習B＆C（部員であることによってグラウンドで練習できる権利が与えられているという考え方。その練習記録を90分単位で所定の『報告書』によって報告する）を通して，部員間には練習量の競争システムが起動している。年間の『報告書』の枚数は500枚を軽く超えている。部員たちの偉大な足跡である。

一方，日頃の部員一人ひとりの克己鍛練をチェックするために，定期的に『ソフトボール部総合運動能力テスト』を行う。これは日頃の努力の成果を問う練習の質についての競争システムであると言っても過言ではない。これらの『報告書』や『総合運動能力テスト』は，2人の副将がそれぞれ担当することになっている。それらは，週一度の幹部ミーティングにおいて，定期的に報告され，部室にも掲示される。

ここ数年の当部の合言葉は，『無遅刻無欠席，全力疾走当たり前』であり，もう一つは，「克己鍛練によって，男にも女にもも

てる体，スーツの似合う体をつくろう」である。ここでいう『男』とは，特に面接試験官である人事の担当者を意味している。また，『女』とは，勿論，将来の恋人である。

　これらは通常の練習においては，前者はほぼパーフェクトに厳守されている。もちろん，体調不良等で練習を欠席する部員もほとんどいない。その理由は，『練習には可能な限りベストコンディションで参加しよう』も合言葉となって定着しているからである。後者については，とにかく「努力した者は必ず報われる」ことを私は信じている。

　練習日にベストコンディションで臨むために，中間試験・レポートの準備を前もってすること，チームの集合時間には，常に30分以上の余裕を持って家を出ること等々，使命感・責任感を日々のチーム練習の中で醸成しなければならないのである。総監督から監督に復帰して9年。ほんとうにいろいろな"事件"があった。部員一人ひとりが"颯爽として自立した"最高に楽しいチームをつくることは，ほんとうにむずかしいと実感している。

総合的な人間力を高める

　2010年の富山インカレの初戦。建築学専攻の大学院生であるヘッドコーチ・下沖航君（北村研究室）は，1番セカンドで出場。1回の裏，先頭打者としてクリーンヒットを放ち，盗塁も決め，2点を先取する原動力となった。逆転を許した後は，追加点を阻む超美技を披露。応援団を大いに沸かせた。彼は，その前日，富山市で開催されている日本建築学会で，大学院生として初めての学会発表を済ませている。

　「大学は，人物を育てるところである」と思う。"人物"とは，

世のため，人のために貢献できる優れた人材をいう。学部１年生からレギュラーを取り，修士１年までレギュラーポジションを務め上げたソフトボール部の代表的な部員である下沖君との５年間のつき合いを通して，まだ20代の彼を，私は"もの凄い人物である"と評価している。北村先生のご指導によって花開き，専門分野で堂々とした人生を開拓すると確信している。そして，彼の後に続く後輩たちも，今，先輩を越えようと努力を続けている。

　インカレは"熱誠"をもって戦う"お祭り"である。この"お祭り"は，そこに関わった一人ひとりが自らの人生を正々堂々と生きるための，堅く，強い"芯棒"をつくるためにある。

4−2 人生に"ドラマ"は常に用意されている

2011年初の関東学生春季リーグⅠ部全勝優勝，
しかし，インカレ予選敗退のドラマ

　2010年富山インカレで1回戦で敗退した私たちは，2011年山口インカレに向けて，2月半ばから克己鍛練主義を合言葉に日々努力を続けてきた。

　そして，3月11日の未曽有の東日本大震災の後，自粛期間を定めた後，私たちは"総合的な人間力"を高め将来のわが国の発展のために有為な人材となることを誓って"運河球場"で練習を始めた。と言うよりも，この状況下で許しを得て"練習をさせていただく"という気持ちであった。

　今まで以上に真摯な姿勢で練習するために，練習開始前の円陣では，被災地の皆様にお見舞いを申し上げ，ご逝去された皆様のご冥福をご祈念申し上げて"黙祷"を捧げた。ほんとうに人間の無力，自分自身の無力さを知るばかりであるが，日本人として"忘れてはならないこと"を決して忘れないために"黙祷"を捧げることを続けたいと思う。

　そして，5月の連休，関東学生春季Ⅰ部リーグ戦を迎えた。その第1日目，2010年度秋季リーグ優勝・準優勝の2チームと対戦し，いずれも最終回に『サヨナラ3ランホームラン』で勝利した。翌日・翌々日の試合も3連勝し，5戦全勝で初のⅠ部リーグ優勝を成し遂げた。私にとっては，創部以来，34年目にして手にした初の"優勝旗"であり"優勝杯"でもあった。

　しかし，その約1ヵ月後に開催された，山口インカレを決める

ための関東学生選手権大会においては，第1シードを取りながらも予想外の敗北を経験することになった。

　今年の夏をもって，学校体育ソフトボールの普及活動のために，『監督』を退くことを決めていた私にとっては，まさに"天国と地獄"の経験でもあった。私たちの人生には，常に"喜怒哀楽のドラマ"が用意されている。

🥎『どうしたらいいんだ問答』と『なぜなんだ問答』

　人間はほんとうに弱い存在であると思う。"インカレ出場"ということは，今の社会的状況，そして，人間の生き方という課題からすれば，あまりにも小さなことである。その小さなことで大きな苦悩をする。『なぜなんだ問答』を繰り返すことになる。そして，1年間一生懸命準備したが故に，心の中からなかなか外へ出ていかないのが『なぜなんだ問答』である。

　東京理科大学は，この34年間に14回インカレに出場した。『監督』としての出場回数は25年間に12回（総監督で2回），そして，インカレ本大会での成績は9勝12敗（総監督で0勝2敗）であった。4年連続インカレ予選を1点差で敗れたこともあった。『どうしたらいいんだ問答』ばかりが続いた時代もあった。

　ところで，『どうしたらいいんだ問答』も『なぜなんだ問答』も，"人生"という大きなステージから見ると，ほんとうにとても小さいことである。しかし，この小さなことから私は"人生にとって必要な知恵"をたくさん学んできたと自負している。そして，そこに真摯な姿勢で関わった部員たちも，若い感性をもって私以上に学んでいると確信している。

監督復帰

　振り返ってみて，9年前に『総監督』から『監督』に復帰した頃はとにかくたいへんであった。昭和60年代から平成にかけてインカレ出場が当たり前であった最初の全盛期の面影はなく，平気で欠席，遅刻する部員が何名かいた。2年間のブランクを経て『総監督』としてチームを指導した7年間はなぜインカレ出場がむずかしかったのか。これも手にとるようによく理解できた。自分を深く反省した。そして，組織づくり，人間関係づくりに関するほんとうに深い学びとなった。それらはグラウンドに出なければ学ぶことができなかった"人生に必要な知恵"であり，貴重な財産となった。

　そして，復帰後約3年がかりであったが，「無遅刻無欠席，全力疾走当たり前」という言葉を胸を張って言えるチームづくりができたと自負している。当たり前のことだが，この間，全体練習（権利練習A）の出席率はソフトボールに関する連盟・協会の会議の欠席（マネージャー日誌には公欠と記録される）を除いても80％は超えていると思う。勿論，予定変更での急な欠席は絶対にしない。たちまち部員がマネをするからである。私の言うことを聞かなくなるからである。故に，高熱でグラウンドに立ったこともある。本音を言えば"有言実行"は，常に大きなプレッシャーを自らにかけ続けることになる。

　そして，前述したように，『克己鍛練主義のチームづくり』を新しい合言葉にした。私自身がこの宣言をする3年前から，毎年元旦に1ヵ月に自らに課すノルマを決めて実践してきた。今年のノルマは，ウォーキング：月36万歩以上，ウインドミル基本モー

ション：月１万回以上，簡易筋トレ（腕立て伏せ・腹筋・背筋・スクワット等）：月３千回以上，素振り：月３千回以上と決めている。定年（65歳）までは続けることを決意している。

　一言で言えば，『監督のオレもやるからおめえさんたちもやろうぜ！』となる。ところが，このノルマの持つ意味は，私と部員とでは大きな違いがある。そこが味噌である。ノルマを果たすのは私にとっては"老化防止"でしかない。しかし，部員たちには，前述したように「克己鍛練によって，男にも女にももてる体，スーツの似合う体をつくろう」というナイス・トライになる。

理科大運動部強化法

　このような考え方は，東京理科大学のすべての運動部に導入したらいいと考えている。理工系総合大学であり，中間試験・レポート提出が厳しい故に，通常の学園生活では，部員一人ひとりが体力・運動能力を向上させるための『ノルマ』を課し，強い意志で計画的に自分を鍛え上げることをチーム全体の方針とする。勿論，コーチング・スタッフとも相談して目標とする数値を決めておくことも大切なことである。とにかく日々の計画的な克己鍛練によって強靭な体をつくるのである。

　そして，春季・夏季などの休暇中には，他大学に負けない工夫したチーム練習を行う。特に，実戦を中心とした試合形式の練習で部員を鍛え上げることが有効であると考えている。

　当部の場合には，夏季強化合宿では，早朝から60〜90分制の『１・２軍戦（または紅白試合）』を１日５試合を目標に行うこともある。また，実戦でのより高い集中力を持続させるために，試合終了後には，参加選手同士が合議の上で試合の貢献度に応じて

"健闘ポイント"を決定し，担当マネージャーがこれを記録する。部員は当然のごとく厳しい競争を強いられる。2010年富山インカレの前には，この『1・2軍戦（または紅白試合)』を45試合行った。そして，合計"健闘ポイント"が第2位となった選手は，入部以来初のレギュラーとして，インカレに先発出場を決めたのである。炎天下での努力が評価されたエキサイティングな選手選考であった。

12シーズン連続「関東学生リーグⅠ部」を堅持

　このような方法を導入し始めてから，すなわち，監督復帰3年後から，チームは6年間12シーズン，秋・春の関東学生リーグⅠ部を堅持している。130年の歴史を有する東京理科大学という括りでは，手前味噌であるが，立派な業績であると自負している。この間，かかわった部員たち一人ひとりの努力，そして，事件が想い出される。

　インカレ出場は逃したが，『監督』を勇退する年に，このⅠ部リーグで全勝優勝できたことは，選手諸君が与えてくれた最高のプレゼントであると"誇り"に思う。今後は，かつての深い反省を繰り返すことのない『総監督』として，チームの"日本一のロマン"に少しでも貢献できればと願っている。

念ずれば花ひらく

　「無遅刻無欠席，全力疾走当たり前」の精神と「克己鍛練主義のチームづくり」の成果は，今後10年後，20年後の歳月を経て，彼らの人生においてどのように花ひらいていくのだろうか。ほんとうに楽しみである。素晴らしい努力を続けた部員一人ひとりの

洋々たる前途に，心から拍手を贈りたいと思う。感謝を込めて。

　そして，東京理科大学ソフトボール部が年輪を刻み続ける限り，絶えず"日本一のロマン"を真摯な姿勢で追求し，いつの日か"インカレ日本一"を実現してほしいと願っている。

［長い間努めた「監督」を，平成24年４月から中学校（１・２年生）体育授業で『ベースボール型（ソフトボール）』が必修化されることに伴い，その研究・普及活動に集中するため勇退することにした。ユニフォーム・ナンバー30番を着けての監督としての最後の公式試合は，2011年８月12日から14日まで新潟県長岡市で開催された第26回東日本大学ソフトボール選手権大会であった。この大会は，１・２回戦をコールドゲーム，準々決勝を慶応義塾大学に勝利し，準決勝では常勝・国士舘大学を最終回までリードしたものの，力尽きて逆転負けし第３位となった。通算２回目の第３位であった。

　全国各地から駆けつけてくださった約20名のOB諸氏の前で，４試合を楽しむことができ，"有終の美"を飾ることができたことを素直に喜びたい。そして，関係各位に心より感謝を申し上げたい。ありがとうございました。］

丸山克俊先生の"熱誠"

高尾　浩司

　現在，私は地元のスポーツ少年団で少年野球の監督を務めている。スポーツ少年団で子どもたちの指導をされている多く人がそうであるように，私もスポーツ少年団の「認定員」という資格を有しているが，普段は子どもたちの指導という分野からはほど遠いサラリーマンである。教育者でもなく，専門の知識もない私が，野球の技術的なコーチだけでなく，人間形成において大事な時期にある子どもたちに適切な心の指導をすることができるのか，そのむずかしさと責任の重さに頭を悩ませることも多い。

　そんな私が子どもたちに向き合うとき，よりどころとしているのは，東京理科大学体育局ソフトボール部で学んだ経験であり，本書の著者である丸山克俊先生から実践を通してご指導いただいた数々の"グラウンドで学ぶ人生の知恵"である。私が監督を務める少年野球チームではアップの際の準備体操として本書でも紹介されている理科大式（全員で円を作り一人が「1・2・3・4」と声を出し，全員で「5・6・7・8」と声を返す）の準備運動を取り入れている。練習内容・方法についても，かつて私が学生時代に経験したことがベースになっている。そして，何より"態度能力"を高める考え方について大いに参考にさせていただいている。例えば，挨拶については，少年野球の世界でも最も重要視されていることの一つである。しかし，「大きな声で相手の目を見て挨拶しましょう」と指導はしても，日常的なことであるが故に，いつの間にか表面的，形式的な挨拶になっていることが

多いのである。なぜ挨拶が大切なのか，子どもたちが気持ちの良い挨拶ができるようになるために大人は何をするべきなのか，本書にはこういった人間関係の基本，生き方の根幹となる数多くの"人生の知恵"が紹介されているのである。

　ところで，2009年に「もし高校野球の女子マネージャーがドラッカーの『マネジメント』を読んだら」（通称『もしドラ』）という本が出版された。公立高校の弱小野球部でマネージャーを務める女子高生が，ピーター・F・ドラッカーの著した組織管理論の手引書である『マネジメント』を偶然書店で手に取ったことを契機に，その『マネジメント』に従い部の意識改革を進め，甲子園出場を目指すというストーリーである。ベストセラーとなり，アニメ化，映画化もされ大ヒットしている。そこで，この『もしドラ』を引き合いに，本書『グラウンドで学ぶ人生の知恵』（ここでは『グラちえ』と呼称）を私のまったくの独断と偏見で読み比べてみたい。

　まず組織の定義であるが，『もしドラ』では「顧客」を「親や学校，応援してくれる人たち，そして実際にプレーする部員」と定義している。『グラちえ』でもそれは基本的に同様であるが，とりわけ学生の人間教育に軸足を置いた組織を対象としているため，そこに所属する学生が「顧客」となる。そして，組織の目的は，「顧客」である学生の"人物を磨く"ことである。また「マーケティング」に対応する手段として，実践を通しての"人間観察"が有効であるとされており，仕事に必要な「働きがい」を与えるために，主将・部長・副将など幹部学年にはすべて"肩書き"を与えるとともに役割分担して仕事を任せ，"使命感"や"責任感"を培いながらチーム運営システムを構築するのである。

これまでの常識を捨て新しい価値を生み出す「イノベーション」としては，例えば，現在の理科大ソフトボール部においては"克己鍛錬主義のチームづくり"の必要性が説かれている。また，『もしドラ』の中では少年野球教室を行うなど「社会への貢献」をすることで，「社会からの影響」も受け始めたという一節がある。この点については，『グラちえ』の中ではソフトボールを通じて人物を育て社会貢献を目指してきた結果として，部員の保護者を初め，大会関係者，学校関係者などたくさんのファンの方々に応援していただけるようになったこと，その活動が海外遠征にまで広がり，世界へ向けたソフトボールの普及活動，国際交流に至っていることなどが記されている。この他にも本書『グラちえ』には，そのエッセンスにおいて『もしドラ』と共通するものがかなりたくさんある。つまり『グラちえ』は教育論のみならず，ピーター・F・ドラッカーの『マネジメント』の骨子にも通じる組織管理論の一面も有しているのである。

　さて，本書の第4章において，丸山先生は座右の銘として"熱意と誠意は人心を動かし協力を生む（＝熱誠）"という言葉を紹介されている。この言葉は，まさに丸山先生の人生観を如実に表した言葉であり，今や東京理科大学ソフトボール部の学生を初め，丸山先生の教えを受けた者たちにとって共通の理念とでもいうべきものになっている。この言葉の一つひとつには迫力，優しさ，人間関係の尊さがにじみ出ておりとてもいい言葉である。ゆるぎない信念と自信に裏づけされた行動力（リーダーシップ），ひたすら理想を追求する打算のないひたむきな思い，それらが伝わったとき人は心を激しく動かされ，感動し，同じようにひたむきに最大限の協力をするようになる。そこに人間関係が存在する限り，

教育の世界であろうとビジネスの世界であろうと共通して通じる理念がそこにある。このような人間関係の基に成り立つ組織は強く，楽しく，魅力的で，永く継続する組織になるのである。

　そして，丸山先生はこの"熱誠"の極めて上等な実践者であるが故に，丸山先生のまわりには東京理科大学ソフトボール部を初め，魅力的で素敵な人物が集まり，先生を応援されているのである。理想を追求すること，それは所詮きれい事であるかも知れない。しかし，指導者という立場にある人にとっては，理想とは絶対的で不変的なものであるとともに，妥協することなく追求するものであるが故に価値を見出すことができるのである。そして，理想を公言する限りにおいては自らも"人物を磨く"努力を続けることが不可欠となる。決して容易なことではないが，その気持ちを忘れることなく努力を続けることが，"人間の器"を大きくしていくのである。このことを，私（たち）は丸山先生からグラウンドで学んだのである。先述した『もしドラ』の中では，マネージャーの資質として「真摯さ」が重要なファクターとなっている。この「真摯さ」こそ，まさに"熱誠"なのである。

　結びに，丸山先生は，平成24年4月から中学校（1・2年生）体育授業で「ベースボール型＝ソフトボール」が必修化されることに伴い，この夏をもって学校体育ソフトボールの研究，普及活動のため"監督"を勇退されることになっている。永年にわたる先生のご指導，ご芳情に深く感謝を申し上げたい。そして，先生のご著作の巻末に拙文を掲載させていただいたことについて，たいへん光栄なことと存じ，心より感謝を申し上げます。

（株式会社IHI宇宙営業グループ主幹・東京理科大学体育局ソフトボール部OB会幹事長）

著者紹介

丸山　克俊（MARUYAMA　Katsutoshi）

[略　歴]

1951年長野県に生まれる。県立飯田高等学校卒業，日本体育大学体育学部を卒業後，日本大学大学院文学研究科教育学専攻博士課程満期退学。現在，東京理科大学教授（体育研究室）。二松學舍大学非常勤講師。

[主な社会的活動]
* 日本幼少児健康教育学会副会長
* 日本コーチング学会理事（国際交流推進委員長）
* 関東大学ソフトボール連盟理事長
* 財団法人日本ソフトボール協会指導者委員会副委員長・学校体育ソフトボールプロジェクト委員会副委員長
* 健康・教育・スポーツ総合政策研究会事務局長
* 野田市老人保健福祉計画及び介護保険事業計画推進等委員会委員

[主な著書]
* 『幼児と保育者の心のかよいあい』（共著）明治図書　1994年
* 『コーチング for ジュニア ソフトボール』ベースボール・マガジン社　1998年
* 『増補・実践スポーツ教育論―グラウンドで学ぶ人生の知恵―』学文社　2003年
* 『保健衛生と健康スポーツ科学』（共著）篠原出版新社　2006年
* 『念ずれば花ひらく―熊野ソフトボールキャンプ20年の軌跡―』（編著）体育教育出版会　2010年
* 『わかりやすい ソフトボールのルール』（監修）成美堂出版　2011年

グラウンドで学ぶ人生の知恵 ―実践ソフトボール教育論―

2011年9月30日　第一版第一刷発行

著　者　丸　山　克　俊
発行者　田　中　千津子
発行所　株式会社　学文社

〒153-0064　東京都目黒区下目黒3-6-1
電話（03）3715-1501（代表）　振替　00130-9-98842
http://www.gakubunsha.com

乱丁・落丁は，本社にてお取替え致します．
定価は，カバー，売上カードに表示してあります．
© 2011 MARUYAMA Katsutoshi Printed in Japan

印刷所　新灯印刷
〈検印省略〉

ISBN978-4-7620-2218-0